K. O. Schmidt   DIE MACHT DER MÜTTER

K. O. SCHMIDT

DIE MACHT DER MÜTTER

Wege zu ihrer Verwirklichung

DREI EICHEN VERLAG
MÜNCHEN + ENGELBERG/SCHWEIZ

CIP-Kurztitelaufnahme der Deutschen Bibliothek

Schmidt, Karl O.:
Die Macht der Mütter
Wege zu ihrer Verwirklichung
K. O. Schmidt
2. Aufl. — München; Engelberg/Schweiz:
Drei-Eichen-Verlag 1985.
(Wissen für jedermann)
ISBN 3-7699-0433-8

ISBN 3-7699-0433-8
Verlagsnummer 433

© 1977 by Drei Eichen Verlag
Manuel Kissener, 8000 München 60 + 6390 Engelberg/Schweiz

2. DEV-Auflage 1985
Gesamtherstellung: Isar-Post, Landshut

Inhalt

Seite

Geleitwort von Dr. med. Emma Bierski 7

Einleitung 11

Wesen der Mütterlichkeit 15
    Das Ewig-Weibliche

Macht der Mütterlichkeit 22
    Herrschen durch Dienen
    Shakti

Die Mütter und die Religionen 30
    Mutter-Gottheiten
    Mystikerinnen

Große Frauen 40
    Inspiratorinnen großer Männer

Die Befreiung der Frau 54
    Frauen-Bewegungen

Die Mütter und der Friede 64
    Was Frauen tun können

Die Mütter und die Lebenskunst 70
    Die Macht der Bejahung
    Beeinflussung der Umwelt
    Marden und das neue Frauentum
    Die positive Frau

Mann und Weib 85
    Wandlungskraft der Frau
    Anima und animus

Mütter und Kinder 97
    Kinderschutz
    Kindererziehung
    Vorgeburtliche Erziehung

Zeitalter der Mütter 112

Inhalt

Geleitwort

„Immer fließt Gutes in Gutes, Liebe in Liebe, Licht in Licht und Geist in Geist. Alles nähert sich uns so weit, als wir ausstrahlen und ihm entgegengehen.

Glaube an dein Höheres Selbst und an den göttlichen Geist in dir!

Einkehr in uns selbst ist Heimkehr zu unserem Ursprung. Sie führt zur religio: zur Wieder-Verbindung mit dem Göttlichen.

Fra Tiberianus

Ein Buch über die MACHT DER MÜTTER ist für die heutige Zeit ebenso wichtig wie wesentlich. Wichtig, weil im ‚Jahr der Frau' nur von der Gleichberechtigung der Frauen und Mütter *gesprochen* wurde; wesentlich, weil dabei das *Wesen* der Frau und der Mutter weithin unerkannt und unbeachtet blieb.

Mann und Frau sind gleichwertig; aber eine Rose ist keine Tulpe und eine Sonnenblume kein Veilchen. Jeder muß das sein, was er seinem Wesen nach *ist,* und nicht anstreben, etwas anderes sein zu wollen. Eine Frau muß ganz Frau sein, eine Mutter ganz Mutter; nur so kann sie ihrer Aufgabe gerecht werden. Und gibt es eine höhere Aufgabe als die der Mutter? In ihr offenbart sich die Schöpferkraft selbst — gibt es etwas Höheres und Heiligeres? In den Müttern liegt die Zukunft der Menschheit.

Die Kriege zerstören die Zukunft, die Mütter bauen sie wieder auf mit ihrer unendlichen Liebe für die Wesen, die behütet und beschützt heranwachsen sollen. Sie tun es mit Gottes Hilfe. Denn in jeder Mutter, in jedem Kind ist ein göttlicher Funke lebendig!

Ein Volk, das Wesen und Aufgabe der Mutter geringwertet oder gar mißachtet, das Blumen und Tiere pflegt, aber Kinder ablehnt oder aus angeblichem ‚Verantwortungsbewußtsein‘ erst garnicht zur Welt kommen läßt, verschließt sich die Zukunft. Aber Gott sei Dank dreht sich das Rad der Geschichte, und heute gibt es immer mehr Mütter, die sich auf ihr Kind, ihre Kinder freuen und sie mit aller Liebe und Selbstaufopferung umhegen, um den jungen Menschenwesen den Weg ins Leben zu ebnen.

Der Frau zur Seite gestellt ist der *Mann*, der ihr in Achtung und Ehrfurcht vor ihrer verantwortungsvollen Aufgabe den nötigen Schutz und seine fürsorgende Liebe schenkt. Da gibt es keinen Streit um die Macht, da achtet einer den andern, da herrschen Friede und Glückseligkeit. Nur in einer solchen harmonischen Atmosphäre kann ein Kind sich zu seiner wahren Größe entfalten und selbst wieder Liebe, Kraft und Frieden ausstrahlen.

Trotzdem bleibt der Dank für das stille aufopfernde Wirken der Mutter meist unausgesprochen. Ob es die große Mutter eines Goethe war oder die große Mutter eines spastischen Kindes oder die große Mutter von drei oder sechs Kindern — soweit Liebe und Selbsthingabe und die innere Zufriedenheit da war, war und ist die Mutter glücklich und macht glücklich. Sie hat Licht ausgestrahlt, und es bleibt der stille Nachruf, daß sie groß und gut war. Es gibt nichts Schöneres, wenn sich ein Mensch bis ins hohe Alter daran erinnert, daß er in seiner Jugend eine gute Mutter hatte und vielleicht eine ebenso liebe Großmutter, die immer für ihn da war ...

Doch nicht nur für die Mütter ist dieses Buch geschrieben, sondern für *jede Frau*. Auch wenn sie im harten Lebenskampf steht, sollte sie nie vergessen, daß sie eine Frau ist. Es ist weniger wichtig, welchen Einfluß sie besitzt, als daß sie die innere Kraft der Mütterlichkeit besitzt — eine von Gott gesegnete Kraft, Liebe zu geben und ihre Umwelt lichtvoll zu gestalten. Dann gedeiht ihr Werk und wird wesenhaft, kraftvoll und schöpferisch — einerlei, auf welchem Platz sie steht. Sie strahlt dann Güte und Frieden um sich aus und hilft den anderen schon durch ihr Da-Sein.

Aber auch für die *Männer* ist dieses Buch geschrieben. Denn ein Mann, der seine Frau in ihrer inneren Größe und Wesenhaftigkeit liebt und ehrt, der ebenso seiner Mutter, die ihn gehegt und gepflegt hat, in Dankbarkeit zugetan ist, auch wenn sie inzwischen alt und hilflos wurde, und der auch in seinen Kindern den göttlichen Funken sieht, den zu entfalten er mithelfen kann, ein solcher Mann wird in Leben und Beruf gemäß seiner Berufung immer Großes und Wertvolles leisten und geben. Denn die Liebe, die im Kreis der Familie entfaltet wird, ist die Sonne, die wir alle für das Leben brauchen.

Diese Liebe entspricht dem göttlichen Geist in uns, wie auch Bruder *Tiberianus* es im Folgenden bekräftigt:

„Den lebendigen Gott-Geist in uns selbst zum Schwingen zu bringen und durch uns wirken zu lassen — das ist das Geheimnis ständiger Kraftfülle. Es liegt an uns, die Welt mit neuen Impulsen zu erfüllen aus den Kraftquellen unseres göttlichen Selbst!"

Dr. med. Emma Bierski

Einleitung

> „Wenn doch der Mann empfinden wollte, daß er der
> Bruder der Frau und nicht ihre Beute ist oder sie die
> seine! Wenn doch beide ihren Hochmut ablegen und je-
> der etwas weniger an sich und mehr an den anderen
> denken wollte!"
>
> *Romain Rolland*

Es ist ein schöner Brauch, einmal im Jahre — am zweiten
Sonntag im Mai — des *Muttertums* zu gedenken, dessen
Liebe und Fürsorge wir unser Dasein verdanken, und den
Müttern durch Zärtlichkeit, Blumen und Geschenke zu be-
kunden, was wir an diesem Tage besonders stark empfin-
den und ersehnen:

> „O Mutter-Liebe, — Sorg' und Treu',
> nie ausgeschöpfte Güte!
> Du, niemals alt und immer neu —
> daß dich die Allmacht hüte!"

Dennoch ist das nicht genug! Der *Muttertag* ist nur ein
armseliger Rest jener Verehrung, die das Mütterliche in der
Antike weiterhin genoß. Der Mütter sollte nicht nur an
einem Tage im Jahre und nicht nur in *einem* ‚Jahr der Frau'
gedacht werden, sondern alljährlich und an jedem Tage!

Denn das ‚Jahr der Frau' ist verklungen, ohne eine entscheidende Wende in der Gesinntheit und Haltung der
männlichen Welt bewirkt zu haben. Der Ungeist der Aggression und Gewalt hat im Gegenteil zugenommen und der
Schwund des mütterlichen Geistes der Eintracht und Einheit bedroht heute die ganze Menschheit in ihrer Existenz.

Dies, obwohl schon Goethe ein Gespür für diese Entwicklung hatte: „Der Ausspruch: ‚Er soll dein Herr sein!' ist

die Forderung einer barbarischen Zeit, die lange vorüber ist. Die Männer könnten sich nicht völlig ausbilden, ohne den Frauen gleiche Rechte zuzugestehen. Indem die Frauen sich ausbilden, stand die Waagschale ein, und da sie bildungsfähiger sind, neigt sich nun die Waagschale zu ihren Gunsten" — oder sollte es, wenn nicht der heimliche Widerstand des anderen Geschlechts diese Entwicklung immer von neuem hemmen würde ...

Es hat sich längst als verhängnisvoll erwiesen, daß der männliche Geist zwar die Zivilisation vorantrieb, daß aber die Kultur ins Hintertreffen geriet, daß der Geist der Mütterlichkeit verdrängt und damit das wirklich Heilvolle mehr und mehr zerstört wird — wenn nicht die Frauen und Mütter den Lauf der Entwicklung immer wieder durch stilles Wirken zum Guten lenken würden.

... Haben nicht *Frauen* zu allen Zeiten in heldenmütiger Opferbereitschaft Heim und Familie vor manchem Unheil, das Parteienzwist und Revolutionen, Krieg und Vertreibungen mit sich brachten, weithin zu bewahren vermocht? Die meisten von ihnen blieben allerdings ungenannt und unbekannt, weil die Geschichtsschreiber zumeist einseitig auf Männertaten blickten und ‚Herrscher‘ ver‚herr‘lichten ...

Darum nochmals: *Ein* Tag im Jahre, *ein* Jahr unter hunderten genügt nicht, um der Erkenntnis zum Durchbruch zu verhelfen: „Die ganze Welt mit ihren reichen Schätzen, sie kann die Mutterliebe nicht ersetzen."

Täglich aufs neue sollten wir uns daran erinnern, was es für unser aller Wohlfahrt und Glück bedeutet, daß uns im Auf und Ab des Daseins die guten Gedanken der Mütter segnend begleiten! —

*

Möchte jedem, der dies Lebensbuch zur Hand nimmt, lebendig bewußt werden, was es für den Mann heißt, im aufreibenden Alltagskampf jederzeit der Mutter willkommen zu sein, bei ihr Kind sein zu dürfen. Denn „ewig treu und ewig fest bleibt uns das Mutterherz, *bleibt uns,* wenn alles uns verläßt, bleibt uns in Lust und Schmerz."

Wohl uns, wenn wir immer wieder dankbar des Höchsten im Leben gedenken: der selbstlosen Liebe der Mütter, die als unsichtbarer Genius unser Dasein durchwaltet und weit mehr in ihm zum Guten wendet, als uns sichtbar und bewußt wird!

Öffnen wir unsere Augen und unser Herz aber auch für das Tiefste und Letzte und erkennen wir in den liebenden Herzen der Mütter die irdischen Inkarnationen des *mütterlichen Weltenherzens,* dessen allumsorgende Liebe uns um so beglückender bewußt wird, je williger wir uns dem Geist der Mütterlichkeit offenhalten!

Um so stärker werden wir die ursprüngliche und unbesiegbare Macht der Mütterlichkeit spüren und erleben.

Dieses Lebensbuch will zur Erkenntnis und Entfaltung, zur Durchsetzung und Verwirklichung dieser *Macht der Mütter* beitragen. Es will die Schöpferkraft des ‚Ewig-Weiblichen' erfahrbar machen und dartun, wie die kosmische Mutter-Gottheit in Seherinnen und Priesterinnen, in Mystikerinnen und großen Frauen bisher immer wieder entwicklungsbestimmend wirksam wurde und wie die Macht der Mütter in unseren Tagen und weiterhin mit erhöhtem Erfolg aktiviert werden kann — im Dienste der Wohlfahrt Aller, des Friedens unter den Völkern und der Einheit der Menschheit.

Wesen der Mütterlichkeit

Das Weib, sagt der Theologe, Soziologe und Dichter Charles *Kingsley*, „soll den Mann, besonders in unserem intellektuellen Zeitalter, darüber belehren, daß es Höheres gibt als Geist und Verstand. Es ist der Ruhm der *Frauen*, in die Welt gesandt zu sein, um mehr für andere als für sich selbst zu leben. Als echte Vertreterinnen ihres Geschlechts können die Frauen Anspruch auf den göttlichen Beruf des Weibes erheben, indem sie Priesterinnen der Reinheit, Schönheit und Liebe werden. Das Weib ist die natürliche Führerin und Weggefährtin des Mannes."

Bei den Völkern der *nordischen* Urzeit galten die Frauen noch als die mit geistiger Schau begabten Seherinnen, die mit trefflicher Sicherheit die Wahrheit zu erspähen und zu erspüren vermochten, und als priesterliche Trägerinnen göttlicher Macht.

Für sie war das Mütterliche das eigentlich Dynamische, wie ja ‚dynamis' (Macht, Möglichkeit) gleich dem griechischen Wort ‚Magie' und dem deutschen ‚Kraft' Ausdruck des Machtvoll-Möglichen, Mütterlich-Schöpferischen ist.

Damals wußte man, daß die Mütter der Welt des Ursprungs, dem Reich des Geistes am innigsten verbunden sind. Der *Ahnenkult* der alten Völker hatte hier seine Wurzeln. Die Frau wurde ‚Ahne' genannt nicht nur als Trägerin der Ahnkraft, des Urwissens aus den Tiefen der Seele, des Vorgefühls und Vorgesichts, sondern auch als Brückenbauerin und Mittlerin zur Ahnenschaft.

Darum sahen sie in der *Mutter* nicht zuerst das Weib, das geboren hat, sondern ehrten in jedem Mädchen, jeder Frau die in ihr verkörperte *Mütterlichkeit* als Schöpferin, Bewahrerin und Mehrerin der Fülle des Lebens.

Die Mütterlichkeit ist zeitlos. Seit Beginn der Geschichte ist sie der Wurzelboden aller Kultur, Hüterin alles ethisch-religiösen Denkens und Lebens in Familie und Sippe, Volk und Menschheit, Hegerin und Pflegerin des jungen Lebens, dem sie Geborgenheit, Kraft und den Mut zur Meisterung des Daseins gibt.

Die *Macht der Mütterlichkeit* liegt in ihrer tieferen Natur- und Lebens-Verbundenheit begründet, ihrem hohen Einfühlungsvermögen und ihrer Spürkraft einerseits, ihrem liebeerfüllten Herzdenken, ihrer Opferwilligkeit und Hingabebereitschaft andererseits.

Mütterlichkeit weist nach innen, zum Zentrum des Seins und zu jenen geheimen Quellen der Kraft, die den ewigen Sieg des Lebens über das irdisch-vergängliche Dasein verbürgen. Und sie ragt und reicht zugleich über den Kreis der Natur hinaus ins Ewig-Unvergängliche, Kosmisch-Göttliche. Sie trägt immer aufs neue geistiges Leben ins physische Dasein — und erhöht damit die physische Geburt ins Geistige, wann immer sie unverkörperten Wesenheiten auf dem Wege der Geburt Möglichkeiten der Wiederkehr, der Wiedereinkörperung eröffnet ...

Jede Mutter ist, kosmisch gesehen, eine Gottesmutter: Trägerin göttlicher Geister und einer höheren Macht und Ordnung, deren Gesetze das Dasein bestimmen. Jede Mutter ist eine individuelle Verkörperung der göttlichen Ur-Mutter, des Allgeists der Fülle, der allem Vergehen neues Werden folgen läßt.

Nur wer der Bedeutung der Mutterschaft — deren eigentliches Wesen und Geheimnis nicht im biologisch-physiologischen, sondern im seelisch-geistigen Bereich liegt, lebendig bewußt wird, erkennt und weiß, daß ein ‚Leben im Paradies' als einer heilen Welt kein Wunschtraum ist, sondern Wirklichkeit werden kann ...

In jeder Mutter offenbart sich aufs neue das Geheimnis der Schöpfung, der ewigen Wiedergeburt allen Seins. Darum wird das Mütterliche in allen Religionen als Sinnbild allsegnender Schöpfermacht verehrt.

*

Aber nicht minder bedeutsam sind die politisch-sozialen Konsequenzen dieser Erkenntnis. In diesem Bereich sind viele geheime Widerstände gegen die Achtung der Mütterlichkeit zu überwinden, wenn man bedenkt — um nur ein Beispiel aus vielen anzuführen —, daß ein Philosoph wie Eduard von *Hartmann* im vorigen Jahrhundert noch die These vertreten konnte, daß „der Mangel an Rechtlichkeit und Gerechtigkeit das weibliche Geschlecht zu einem moralischen Parasiten des Mannes macht". („Phänomen des sittlichen Bewußtseins")

In Wahrheit ist Achtung der Mütterlichkeit *Ehrfurcht vor dem Leben* in seiner göttlichen Tiefe.

Es liegt im Wesen der Frau, daß sie nicht nur das Heim mit einer Atmosphäre der *Geborgenheit* erfüllt, die den noch im geistigen Bereich weilenden Ungeborenen den Übergang leicht macht, sondern auch mit jener Lebenshelle, ohne die das Familienleben verarmt und verkümmert.

Leichter als der Mann vermag sie aus dem Quellgrund der Seele den Nektar ewigen Lebens zu schöpfen und zu verschenken. Sie erquickt die Dürstenden, richtet die Schwachen und Strauchelnden auf, leitet die im Finsteren Wandelnden lichtwärts, heilt die Leidenden und dient den Suchern der Wahrheit als Mittlerin zwischen Mensch und Gott. —

Im weiteren wird sich erweisen, daß die Frau den geistigen Vermögen des Mannes ebenbürtige Gaben besitzt und mit den in ihr angelegten schöpferischen Potenzen Gleiches zu erreichen vermag. Mit Recht wird darum auch in der biblischen Schöpfungsgeschichte die Ebenbildlichkeit Gottes Mann und Weib gleichermaßen zugesprochen.

Eine Kraft aber ist in der Frau lebendiger und stärker als im Manne: die *Liebe* — das Vermögen, in einem anderen Wesen sich selbst wiederzufinden, in ihm sein anderes Ich zu erkennen und sich ihm restlos hinzugeben, auch wenn diese Liebe und Hingabe oft mit Leid verbunden ist . . . Die Liebe ist aber immer die stärkere Macht. Liebe löst Leid.

Für die Frau heißt Liebe Geben, für den Mann oft nur Nehmen, auch wenn er in anderer Beziehung gern der Schenkende ist. Gebende Liebe erhöht das Beisammensein aus dem Sinnenhaften ins Herzhafte, Geistige. Sie schützt durch die von ihr aktivierte sublime seelische Kraft der Selbstveredelung vor der Herabwürdigung der Liebe zu bloßer Sinnlichkeit und vor sexueller Not mit all ihren leidvollen Folgen.

Die ‚Erotik‘, die heute so lautstark in Illustrierten, Film und Fernsehen als Zeichen der ‚Freiheit‘ propagiert wird und Mutterliebe gar als bloßen ‚Eigentumsinstinkt‘ abwertet, ist ein Produkt der materialistischen Zivilisation, Ergebnis und Zeugnis sittlichen Niedergangs, während die Liebe Quellgrund geist-erfüllter Kultur ist.

Dementsprechend ist die körperliche Verbindung nur dann nicht Ergebnis sklavischer Triebbeherrschtheit und egoistischer Besitzgier, sondern Ausdruck der *Liebe,* wenn ihr jene seelisch-geistige Verbündung und Einheit vorausgeht, die dem Zusammenleben erst Sinn und Inhalt gibt und bewirkt, daß einer mit und durch den anderen lebt.

Diese Liebe entdeckt und erweckt im Partner schöpferische Kräfte und Reichtümer, die ihm vorher unbewußt waren und erst durch den seelischen Ein-Klang zur Entfaltung gelangen. In ihr erreicht und erlebt der Mensch den höchstmöglichen Grad an Reife, Vollkommenheit und Glückfähigkeit.

Was immer Menschen erstreben und schaffen, empfängt Wert und segenvolle Wirkung erst durch die Liebe. Sich der Liebe verschließen heißt sich vom vorwärtstragenden Lebensstrom ausschließen — und das bedeutet ichhafte Erstarrung, Stillstand und Tod.

Das Ewig-Weibliche

„Die Männer formen die Werke, aber die Frauen formen die Männer", sagt Romain *Rolland* und fährt fort: „Das Ewig-Weibliche hat zweifellos von jeher mit Hin*anzie*hungskraft auf die Besten eingewirkt. Nur für den Durchschnittsmann und für erschöpfte Epochen gibt es ein andres nicht weniger ,Ewig-Weibliches', das sie hin*abzieht* . . ."

Am lebendigsten ist sich der *geniale Mensch* dieses Ewig-Weiblichen als des Keimgrunds seines Schöpfertums bewußt. Er findet es nicht nur in der Frau, sondern mehr oder minder auch im eigenen innersten Seelengrund. Der Mann hingegen, der dieses Ewig-Weibliche nicht sieht, begreift und achtet, hat wenig Aussicht, höhere Stufen seelischen Erwachsens und geistiger Einung und Selbstverwirklichung zu erreichen.

Dies deshalb, weil, solange der männliche Pol im Manne Allein-Herrscher ist, er zwangsläufig unvollendet und unvollkommen bleibt und sich — als ,halber Mensch' — unbewußt nach der anderen Seelenhälfte sehnt. Je höher der Mann sich hingegen geistig entfaltet, desto ehrfurchtsvoller achtet er das Ewig-Weibliche in jeder Frau, jedem Mädchen, in dem sich der göttlich-mütterliche Gegenpol seines eigenen Wesens spiegelt.

Darum haben, wie *Rousseau* bekannte, „alle Völker, die

Gesittung und Kultur besaßen, die Frau geachtet". Ihre edelsten Geister spürten, daß das ‚Reich der Mütter' sowohl den innersten Kern jedes Menschenwesens wie auch die Heimstatt des un-, über-, all- und gott-bewußten Kollektivwesens der Menschheit bildet.

Eckermann berichtet in seinen „Gesprächen mit Goethe" (10. 1. 1830), wie Goethe ihm die Szene vorlas, in der Faust zu den ‚Müttern' geht. Er bat den Dichter anschließend um Deutung dieses Wortes, worauf Goethe antwortete: „Ich kann Ihnen weiter nichts verraten, als daß ich beim Plutarch gefunden, daß im griechischen Altertum von *Müttern als Gottheiten* die Rede gewesen. Dies ist alles, was ich der Überlieferung verdanke, das übrige ist meine eigene Erfindung."

Im Wahrheit war es nicht Erfindung, sondern Findung: Frucht genialer innerer Wirklichkeitserkenntnis, wie Eckermann, von Goethe inspiriert, richtig erkannte, als er sagte, daß „die Mütter das schaffende und erhaltende Prinzip sind, von dem alles ausgeht, was auf Erden Gestalt und Leben hat. Die ewige Metamorphose des irdischen Daseins, des Entstehens und Wachsens, des Zerstörens und Wiederbildens ist der *Mütter* nie aufhörende Beschäftigung. Und wie bei allem, was auf der Erde durch Fortzeugung neues Leben erhält, das *Weibliche* wirksam ist, so mögen jene schaffenden Gottheiten mit Recht weiblich gedacht und es mag der ehrwürdige Name ‚Mutter' ihnen nicht ohne Grund beigelegt werden."

Wie die *Einung* mit dem Ewig-Weiblichen geschehen und höchste Selbst- und Geist-Bewußtheit erlangt werden kann, wird im weiteren deutlich werden. Solche Einung ist möglich, weil das Männliche und das Weibliche im göttlichen Selbst — im Gott in uns — *eins* sind:

Wie für den Mann das Ewig-Weibliche die verborgene

innerste ‚andere Seite' seines Wesens ist, so für die Frau das Ewig-Männliche. Das Heimfinden zum geistigen Gegenpol bedeutet die Rückkehr ins Ur.

Dynamisch gesehen, ist das Ewig-Weibliche *Shakti:* universale göttliche Urkraft, die, wie noch zu zeigen ist, im tiefsten Unbewußten und Überbewußten jeder Frau als unsichtbare Quelle kreativer Kraft und als Hort höchsten Menschentums schlummert und erweckt werden kann.

Geschieht das, dann zieht das Ewig-Weibliche uns aus der Finsternis der Vielheit der physischen Welt empor in die lichte Region der ursprünglichen Einheit. Das aber bedeutet Erlösung von Ich- und Erdgebundenheit, Befreiung von allem Wesensungemäßen und das Aufbrechen der Quellen höchster Inspiration und Intuition aus dem mütterlichen Seelengrund, der mit dem Gottesgrund eins ist.

Macht der Mütterlichkeit

Die Mütter sind ihrem Wesen nach Machtträgerinnen, die durch ihre Denkrichtung die Lebensrichtung weit mehr bestimmen, als man heute ahnt. Mit Recht war die Mütterlichkeit seit je Symbol des Mystisch-Magischen, des irrationalen Ur- und Hintergründigen.

Macht ist eine mütterliche Potenz, eine psycho-elektronische Emanation und Wirkkraft, die bewußt betätigt und gesteigert werden kann. Sie ist den Müttern innewohnend, damit sie das Leben schützen und ihm im Wandel und Vergehen des Daseins Geborgenheit gewähren.

Aber die meisten Mütter kennen diese ihre Macht nicht und nützen sie nicht. Sonst hätte unsere Welt längst ein friedlicheres und freundlicheres Gesicht und Barbarismen wie Kindesmißhandlungen, Mord und Krieg wären längst Anachronismen. In einer vom Geist der Mütterlichkeit inspirierten und gelenkten Gesellschaft sind die negativen, untermenschlichen Zivilisationserscheinungen von heute unmöglich. Das meinte die Warnung Coudenhove-Kalergis: „Wenn die Männer aufhören, ritterlich zu sein, stirbt die Freiheit aus; und wenn die Frauen aufhören, mütterlich zu sein, stirbt die Menschheit aus!"

Vergessen wir nie, daß wir das Dasein, die Größe und das Wirken aller Erleuchteten, Vollendeten und Weisheitslehrer, der Begründer aller Hochreligionen der Menschheit den *Müttern* zu danken haben, die ihnen das Leben und einen Teil ihres wahlverwandten Wesens schenkten.

Die Mütter sind die Garanten der Zukunft und allen künftigen Glücks, deren Macht sich jedoch in der Regel mehr durch ihren Einfluß als durch ihr Handeln offenbart, mehr durch ihr Schweigen als durch ihre Worte; in der Erziehung mehr durch ihr Beispiel als durch ihre Ermahnungen.

Kein Wunder daher, daß der Theologe und Philosoph Friedrich *Schleiermacher* in seinen „Ideen zu einem Katechismus der Vernunft für edle Frauen" seiner Anerkennung weiblicher Überlegenheit Ausdruck gab, — daß der Dichter Emanuel *Geibel* die Intuition der Frau pries: „Viel Weisheit wohnt beim weiblichen Geschlechte; es trifft beim ersten Blick die Frau das Rechte", — daß Gottfried August *Bürger* bekannte: „Was ihr euch, Gelehrte, für Geld nicht erwerbt, das hab ich von meiner Frau Mutter geerbt", — daß *Pestalozzi* schrieb: „Mutter, wenn ich dich liebe, so liebe ich Gott" — und daß *Raabe* erkannte: „Was man von der Mutter hat, das sitzt fest, das behält man, und das ist gut so, denn jeder Keim der sittlichen Fortentwicklung des Menschengeschlechts liegt darin verborgen", — um nur einige aus vielen Stimmen hier aufklingen zu lassen.

Man könnte ein Wort von Romain Rolland leicht abwandeln und sagen: „Von Natur ist nicht immer das sogenannte ‚schwache Geschlecht' das wirklich schwächere. Das Weib ist viel reicher an Kräften der Erde, und mag es auch in Fangnetze verstrickt sein, die der Mann ihm übergeworfen hat, so braucht die Gefesselte doch ihren ererbten Anspruch nicht aufzugeben."

Dies auch deshalb nicht, weil das *Herzdenken* der Frau tiefer reicht und wirkstärker ist als das Hirndenken des Mannes, der heute weit mehr als sie die Verbindung mit seiner Wesensmitte verloren hat. Das weibliche Ahnungs- und Spürvermögen reicht in tiefere Schichten des Un- und Überbewußten und erhöht das männliche Talent ins Geniale.

Darum nannte *Ibsen* die Frau „das Mächtigste auf Erden, weil es in ihrer Hand liegt, den Mann dahin zu lenken, wo Gott ihn haben will." Auf den Grund dafür wies *Gandhi:* „Die Intuition einer Frau erweist sich nur zu oft als wahrer und wirklichkeitsnäher als der anmaßende Anspruch des Mannes auf sein überlegenes Wissen."

Das darf männlichen Vorurteilen gegenüber betont werden, die oft sogar die jedermann erkennbaren Vorzüge der Frau übersehen: ihre Anmut, ihre einfühlsame Anschmiegsamkeit, ihr sensibles Verantwortungsgefühl gegenüber allem, was lebt, ihre phantasiebegabte Erziehungskunst und die damit verbundene Duldsamkeit, Geduld und Opferbereitschaft.

Deshalb braucht die Welt die mütterlichen Frauen — einerlei, ob sie ledig oder verheiratet sind, ob sie Kinder haben oder nicht. Selbst *Nietzsche* räumte ein, daß „das vollkommene Weib ein höherer Typus ist als der vollkommene Mann — wenn auch etwas viel Selteneres."

Was er als Seltenheit ansah, kann zur Regel werden, *wenn die Mütter ihrer Macht lebendiger bewußt werden und sie ebenso zielgewiß wie planvoll ausbauen und einsetzen.*

Das ist auch deshalb notwendig, weil die Mütter der sicherste Schutz vor jener *Vermassung* sind, in die der Materialismus die innerlich haltlos gewordene Menschheit hineintreibt und die zugleich innere Heimatlosigkeit bedeutet, Verlust der Mitte, geistige Abstumpfung, Ungeborgenheit und Verödung.

Wenn immer mehr Mütter dieser ihrer Macht innewerden, wird sich das Dichterwort um so deutlicher als wahr erweisen:

> „Was Frauenherzen still ersinnen
> und Gott gelassen läßt beginnen,
> dagegen gibt es kein Entrinnen,"

denn eine Frau, die weiß, was sie will, ist eine Armee auf dem Vormarsch — eine Wahrheit, die *Smiles* gestehen ließ: „Wenn der Kopf auch regiert, so ist es doch das Herz, das gewinnt."

Herrschen durch Dienen

Keine Fremdhilfe ist erforderlich, um die Schöpferkraft der Mütter immer vollkommener zu entfalten. Entscheidend ist die immer erneute Einwärtswendung und die Hingabe an die Stille des Innern in gläubigem Selbstvertrauen und unerschütterlicher Siegbejahung.

Mehr als mancher Mann vermag die Frau die Wirkkräfte der Seele in sich zu aktivieren. Wenn sie es richtig anfängt, erwacht in ihr die gleiche Sicherheit wie in der Schriftstellerin und späteren Vorsitzenden des Internationalen Frauenbundes in London, Alice *Salomon* (1872—1948): „Was immer ich auch angefangen hätte — ich wäre stets an die Spitze gelangt!"

Die gleich ihr positiv denkende und handelnde Frau nimmt dann die gleiche Einstellung ein wie die Schauspielerin Vivian *Leigh*, die ihre erstaunlichen Erfolge auf die einfache Formel brachte: „Ich habe eigentlich nie gekämpft. Ich setzte mir etwas in den Kopf — und schaffte es." Sie lebte nach dem Motto des Lebensphilosophen Orison Swett Marden: „Wer denkt, er kann, der kann!", und zugleich folgte sie der Mahnung Jesu Christi: „Widerstehe dem Übel nicht!" Lerne durch Gewaltlosigkeit zu siegen, durch Dienstwilligkeit und Nachgeben zu herrschen!

Das Geheimnis der kampflosen Überwindung liegt in den drei Worten: *„Alles gibt sich"* — wenn sie recht verstanden werden:

Angesichts eines Leides, eines Zwangs oder einer Not

tröstet man sich wohl im Blick auf die Zeit: „*Alles* gibt sich"
— alles wird von der Zeit gewandelt, ausgeglichen und
überwunden. In der Tat: *alles* gibt sich; denn alles ist in
unablässigem Fluß und ordnet sich gemäß den Harmonie-
gesetzen des Ewigen. Indem wir warten, werten sich alle
Dinge neu.

Doch das ist nur die nächstliegende erste Bedeutung dieses Wortes. Wer tiefer blickt, erkennt eine zweite Sinndeu-
tung: Alles *gibt* sich, weil nur, wer gibt, empfängt. Um
glücklich zu werden, muß man, nach einem Wort Taulers,
alle Dinge aus Liebe tun, in allem der *Gebende* sein: „Nicht
seine Werke hindern den Menschen, glücklich zu werden,
sondern sein *Denken* in seinen Werken, die ichhafte Un-
ordnung und Unruhe in seinen Gedanken! Läßt er all sein
Sinnen, Wollen und Tun vom Geist des Gebens leiten, dann
ergießt sich der göttliche Strom der Freude und Kraft in
seine Seele, ordnet sein Tun und durchlichtet sein Leben."

Wir erhöhen unsere Leidüberlegenheit und Glückskraft,
unsere Fähigkeit zum Freuen, Zufrieden- und Frohsein
durch die Hinwendung vom Nehmen- und Haben-Wollen
zum willigen Geben. Wir erleben dann, wie Wohltun wohl
tut, wie glücklich machen glücklich macht und wie im Maße
willigen Gebens alles sich gibt und zum Besten ordnet.

Aber das Wort hat noch eine dritte Deutung und Bedeutung: Alles gibt *sich!* Das Geheimnis dauernden Glücks
heißt: liebende Selbsthingabe. Indem das Mineralreich *sich*
gibt, erhöht es sich ins Pflanzenreich. Indem die Pflanze
sich gibt, entwird sie ins Tierreich — und so Stufe um Stufe
aufwärts über den Menschen, die Engel und höchsten Hier-
archien der geistigen und göttlichen Welt: indem alles *sich*
gibt, wandelt sich alles zum Höheren und hin zum Höchsten.

Alle Lebensweisheit lehrt, daß dem sich Gebenden, dem

Dienenden alles dienstbar wird. Am meisten Hilfe erfahren die Helfenden: zu ihnen kommt alles, dessen sie bedürfen, zur rechten Zeit und im rechten Maß.

Wer *sich* gibt, empfängt Gott, bringt das Göttliche durch sich zur Offenbarung und wird für seine Umwelt zu einem unversiegbaren Quell des Lichts, der Liebe und des Lebens.

Und das liegt dem mütterlichen Wesen näher als dem männlichen. Seine scheinbare Schwäche ist seine heimliche Stärke.

Shakti

Die alten Völker spürten deutlicher als wir Heutigen, daß dem Mütterlichen in seiner Gebewilligkeit eine psychische Kraft innewohnt, die man mit dem polynesischen Wort „*mana*" bezeichnet:

Mana-begabte Frauen haben heilende Hände, treten als Seherinnen und Prophetinnen hervor, sind geistig fernwirkende Schicksalsgestalterinnen. Sie besitzen erhöhte Gebets- und Beschwörungskraft, durch deren bewußte Übertragung sie andere zu außergewöhnlichen Leistungen inspirieren und impulsieren können.

‚Mana' als ‚überpersönliches Wirkungsvermögen' ist *Lebenskraft in Aktion*, die unter Umständen auch von Männern entfesselt werden kann. Eine Mutter mit viel ‚mana' wirkt auf Pflanzen wachstumsfördernd, auf Tiere und Menschen heilungherbeiführend. Gewiß kann diese Kraft auch zu unguten Zwecken mißbraucht werden, doch schlägt dann das Unheil früher oder später auf den Urheber zurück.

Im Hinduismus, auch im Yoga, wird diese magische Kraft ‚*shakti*' genannt, die etwa in der Macht der Worte, die von Müttern als Fluch oder Segen gesprochen werden, zur Auswirkung kommt.

Wie diese Macht bewußt entfaltet wird, zeigt die moderne Psychodynamik in ihrer Lehre von der rechten Anwendung der Gedankenmacht und Glaubenskraft, der Bejahung und der meditativen Selbstbesinnung, wie im weiteren deutlich werden wird.

Beim *Manne* offenbart sich ,*Chit-shakti*‘ als Kraft des Bewußtseins und Quell der Talente, bei der Frau als ,*Prakriti-shakti*‘ im Vermögen der Inspiration und Intuition, der Ahnung und Spürung, der visionären Vorausschau, Wahrheitserkenntnis und Prophetie.

Aber das ist nur eine Seite dieser Macht. Shakti gilt als der weibliche Aspekt der Urkraft des Brahman, der Gottheit. Ein Strahl von ihr ist im innersten Selbst jedes Menschen lebendig und kann aktiviert werden, wie es etwa der indische und tibetanische Tantrismus lehrt: „Mit der shakti vereint, werde dir deiner Machtfülle bewußt und lerne, sie weise einzusetzen!"

Shakti ist als die ,*geheime Macht der Mütter*‘ das Vermögen, allem, was die Frau bewußt tut, schöpferische Durchsetzungskraft zu verleihen. Aber *in den meisten Müttern und Frauen schlummert diese Kraft noch*, bis sie aus der Latenz erweckt und entfesselt wird und sich alsdann als die ,Quelle, aus der alles hervorgeht‘, erweist.

Wohl den Müttern, die sich auf ihr Gottmenschentum besinnen und ihre mütterliche shakti segenbringend betätigen! Wie die Kräfte einer Mutter ins Gigantische wachsen, wo sich Not und Gefahr für ihre Lieben erhebt, so kann *jede Mutter die in ihr schlummernden schöpferischen Bildekräfte in ungeahntem Maße in sich und durch sich zum Wirken bringen.*

Die Geschichte lehrt, wie Voltaire sagt, „daß es nur zwei

oder drei mutige Menschen braucht, um den Geist einer Nation zu ändern". Wieviel schicksalentscheidender ist die *Macht der Mütter*, wenn sie *vereint* für ein neues menschliches Menschentum eintreten! Ihre Macht kann Geist und Haltung der Menschheit von Grund auf ändern und ein neues Zeitalter einleiten!

Die Mütter und die Religionen

Jede Religion ist ein Weg zu den ‚Müttern'. Sie weist den
Menschen nach innen: Der Weg zum Licht, zur Erleuchtung
und Erlösung ist der Weg zu dir selbst! Denn dein innerstes
Selbst ist Licht vom Lichte Gottes. In ihm sind die polaren
Hälften von ‚Mann' und ‚Weib' *eins*.

In der Mütterlichkeit ist das Göttliche am sichtbarsten
Mensch geworden. Sie ist es, die von der äußeren Wirrwelt
zur himmlischen Wahrwelt hinanleitet und durch Erkenntnis der Einheit allen Seins zur Befreiung von den Banden
der Nicht-Erkenntnis und Ich-Gebundenheit verhilft.

Nur wo die Dogmenstarre männlicher Priesterhierar-
chien die ursprüngliche lebendige *religio* erstickte, wurden
Wesen und Macht der Mütterlichkeit verhehlt, verhüllt und
verleugnet. An die Stelle der Achtung und Verehrung des
Mütterlich-Göttlichen trat die Rechtlosigkeit der Frau. —

In der paradiesischen Urzeit der Menschheit, bei den Völkern des *Nordens*, war mit dem Ahnenkult die Verehrung
der Mütter unlösbar verbunden. Sie trugen diesen Kult bei
ihren Wanderungen in alle Zonen zu den Völkern des Sü-
dens, des Ostens und des Westens — von den Ägyptern und
Indern bis zu den Ureinwohnern Nord- und Südamerikas.

Ihnen ist es zu danken, daß in *Ägypten*, im Alten Reich,
die Mütter nicht nur als Trägerinnen der Rasse galten,
denen die gleichen Rechte wie den Männern zustanden, sondern daß sie auch — etwa in der Zeit des Ammon-Kults —
als Priesterinnen segensreich wirken konnten. In den alt-
ägyptischen Mysterienschulen wurden die Neophyten an-
geleitet, sich ins ‚Reich der Mütter' einzusenken, um der
Machtfülle des Ewig-Weiblichen innezuwerden. Im späte-

ren ‚Bund der Pythagoräerinnen' wurde diese Tradition fortgesetzt.

Im Glauben und Kult der *Assyrer und Babylonier* genossen Frauen als Priesterinnen besondere Hochschätzung. Auch in *Griechenland* nahmen sie zur Zeit Homers eine hohe Stellung ein, ebenso im Neuplatonismus, der um den Wechsel der Geschlechter im Laufe der Wiederverkörperungen wußte und daraus positive Folgerungen zog.

Ähnlich lagen die Dinge in *Indien*. Als dann, in späteren Epochen, das Mutterrecht verfiel und die Frau als unter dem Manne stehend galt, betete manche Hindufrau um die Gnade, in ihrer nächsten Verkörperung als Mann ins Dasein treten zu dürfen ...

... Andererseits waren es in Indien zu allen Zeiten Erleuchtete wie *Ramakrishna*, die in der Frau das Ebenbild der göttlichen All-Mutter sahen.

Die Mitarbeiterin Sri *Aurobindo's* — *Die Mutter* — bemerkte dazu: „Solange man Wünschen, Vorlieben und ichhaften Bindungen unterworfen ist, bleibt man Sklave der Dinge. Dann ist die Frau die Sklavin des Mannes und er der der Frau. Davon aber können die Menschen sich nur selbst befreien, indem sie sich auf eine höhere Bewußtseinsebene erheben und zur Einswerdung mit dem göttlichen Allbewußtsein gelangen. Alsdann erkennen sie, daß vom Unterschied zwischen Männlichem und Weiblichem nur der rein körperliche Gegensatz bleibt. In ihren höchsten Augenblicken vergessen Mann und Weib ihre geschlechtliche Verschiedenheit und erkennen sich als geistige Wesen jenseits aller körperlichen Unterschiede. Dies ist der Weg in die Freiheit."

Diese Wahrheit, auf die im weiteren noch einzugehen ist, wurde schon vor 3000 Jahren im Rig Veda ausgesprochen: „Da Gatte und Gattin gleiche Hälften einer einzigen Substanz sind, sind sie in Wahrheit und Wesen ebenbürtig und haben im gleichen Maße teil an allen Werken, den religiösen wie den weltlichen."

Auch in *Alt-China* galten *Yin* — das weibliche Prinzip — und *Yang* — das Männliche — als ebenbürtige unlösbar miteinander verknüpfte Teile der gleichen Einheit, während in den Folgezeiten die Frauen in einen Zustand völliger Abhängigkeit gerieten, weil man das Verhältnis des Mannes zur Frau buchstäblich dem des Himmels zur Erde gleichachtete.

Eine ähnliche Einstellung fand sich im Bereich des *Islam,* wo ein Kamel als wertvoller galt denn eine Frau, während in der islamischen Mystik, die viele große Vertreterinnen zählt, die Stellung der Frau im göttlichen Weltenplan als die veranwortungsvollere galt und gilt. Die Sufis berufen sich mit Recht auf *Mohammed,* der das Mütterliche hochhielt und seine Anhänger ermahnte, nur Gutes von den Frauen zu denken und zu sprechen.

Der Koran bejaht in der 24. Sure vom Licht die Rechte der Frauen und mahnt in Vers 23: „Wahrlich, wer züchtige gläubige Frauen verleumdet, ist verflucht hienieden und wird im Jenseits schwere Pein erleiden. Gott wird ihm sein Unrecht vergelten." Trotzdem beginnen sich die islamischen Frauen erst heute die Gleichberechtigung zu erkämpfen.

Im *Christentum* galt die Frau in religiöser Hinsicht als Laiin, die kein Priesteramt bekleiden durfte. Erst der Protestantismus ließ auch weibliche Geistliche zu.

Mutter-Gottheiten

Werfen wir nochmals einen Blick zurück in die Vorgeschichte:

In den alten Religionen galten die Mütter als Verkörperungen der Magna Mater oder Magna Dea, des mütterlichen Aspekts der Gottheit, als ‚Schoß der Welt‘ und Quelle allen Lebens — und zugleich als ‚shakti‘: als Trägerinnen der schöpferischen Urkraft. Einige Beispiele:

Bei den Völkern des *Nordens* war *Frigga* die Mutter-Göttin der Liebe und der Fruchtbarkeit. Die ‚Norden‘ brachten diesen Kult zu allen Völkern, die sie auf ihren Wanderungen berührten, wobei das Bild der ‚Himmlischen Mutter‘ viele Gesichter annahm:

In *Indien* war sie der weibliche Aspekt des Brahman als Brahmâni oder Brahmamâyi. Die Gottheit, sagt *Ramakrishna* (1836—86), der große indische Mystiker, das nicht-wirkende unoffenbare Brahman, ist in seiner Offenbarung sowohl Brahma als auch die wonnevolle Mutter des Weltalls, die linke oder Herzseite der Gottheit.

Dieser Doppelaspekt kommt u. a. auch im Swastika-Symbol, dem uralten Heilszeichen des Hakenkreuzes, zum Ausdruck: geht die Drehung des kreisenden Rades der Swastika nach links, symbolisiert sie das Weiblich-Schöpferische hinter allem Werden und Vergehen, wenn nach rechts, das nach außen hin tätige Männliche.*)

Ramakrishna fährt fort: „Meine göttliche Mutter ist das Eine Wesen, manifestiert als die Vielen. Sie sonderte sich in die Einzelseelen und die Welt.“

Er hatte ihre Machtfülle im Erwachen zum Kosmischen Bewußtsein erfahren: „In mir wogte ein Ozean unaussprechlicher Seligkeit, und bis zum untersten Grunde meines Wesens war ich der Gegenwart der Göttlichen Mutter gewiß.“

---

*) In den „BÜCHERN DES FLAMMENDEN HERZENS“ von Hilarion finden sich *beide* Formen der Swastika als Hinweis darauf, daß im Mystiker die beiden Pole zur Einheit finden. (Drei-Eichen-Verlag, München/Engelberg)

Als er aus der Entrückung erwachte, sah er fortan in jeder Frau eine Verkörperung der Göttlichen Mutter: „Wer je imstande ist, die Erscheinungsform der Gottheit wahrzunehmend, der vermag auch alle ihre anderen Offenbarungsformen zu erkennen. Sie ist das, was die Veden das höchste Brahman nennen. Sie ist ungeteilt Sat-Chit-Ananda: universale Seins-Bewußtseins-Seligkeit."

Nach ihm kann *jeder* gleich ihm mit der Göttlichen Mutter in Verbindung kommen: „Bete in Herzensinbrunst zu ihr, damit dein Wesen durchlichtet und gereinigt werde. In deinem Innersten wirst du dann die Spiegelung der Ewigen Shakti als Erscheinungsform der Weltengottheit erblicken. Doch muß das Ich-Menschliche zurücktreten, bevor das Gott-Menschliche sich kundgibt. Und dies Gott-Menschliche wiederum muß zurücktreten, damit die höchste Manifestation der All-Mutter, Brahmamâyi, erfahren wird", die kosmische unio mystica.

Ähnlich sprach der indische Mystiker Sri *Aurobindo* (1872—1950) von der göttlichen Mutter und von der Aufgabe des Menschen, sich ganz mit ihr zu einen und als ihr Kind Träger ihrer schöpferischen Potenzen zu werden — Geist von ihrem Geist:

„Die wir anbeten als *Mutter,* ist die göttliche All-Bewußtseins-Kraft, die alles Dasein beherrscht und über aller Schöpfung steht. In jeder irdischen Mutter ist ein Stück ihrer Wegspur für uns sichtbar. *Jede Mutter ist Ausdruck und Offenbarung der göttlichen Allgegenwart.* Wohl dem, der allezeit offen ist für ihre Weisheit und ihr Licht, ihre Kraft und Harmonie, ihre Schönheit und Vollkommenheit, die von oben herabströmt, so daß selbst der Körper erwacht und erschauert in der Gegenwart ihrer Liebe."

Auch im heutigen Indien ist trotz der Zunahme des Materialismus der Glaube noch weit verbreitet, daß das höchste Prinzip sich als Welten-Mutter manifestiert, als Urheberin allen Seins und Werdens im All. Der bengalische Dichter Kamalakanta *Bhattacarya* gab diesem Empfinden Ausdruck in einer Meditation:

„Wohin auch immer, göttliche Mutter, dein Wille meine Wege lenkt, alles dient meinem Besten, wann immer ich dein gedenke . . .“

und am Schluß:

„Göttliche Mutter, für mich ist es gleich, wie du es bestimmst, wenn du nur im Tempel meines Herzens weilst.“

Unnötig, hinzuzufügen, daß auch viele Bodhisattwas, die, statt ins Nirwana einzugehen, weiter zum Heile der Wesen wirkten, Frauen waren, die die Vollendung erlangten und den Buddhas ebenbürtig waren.

*

Im chinesischen Buddhismus genoß *Kwan-Yin* (Kwannon), die Göttin mütterlicher Güte, Milde und Barmherzigkeit, allgemeine Anbetung. Im japanischen Shintoismus entspricht ihr die göttliche Ahnherrin *Amaterasu Omikami.*

In Alt-Ägypten hieß sie *Isis*, die ‚Schwester und Gattin‘ (d. h.: der weibliche Aspekt) von Osiris. In den Mysterienkulten war sie die Trägerin göttlicher Macht, die „Mutter der Natur und des Lebens, Herrin der Elemente, Königin der Toten, die alles nach ihrem Willen lenkt“ — Ursymbol der Mütterlichkeit. Der Isis-Kult breitete sich über Kleinasien und bis nach Griechenland und Rom aus. Sie ist die *Sophia* der Gnostiker.

Bei den Babyloniern und Assyrern hieß die Muttergottheit *Ishtar* als Allherrin und gnadenreiche Hüterin der Mütterlichkeit, deren Symbol der Planet Venus war, weshalb sie auch ‚Himmelskönigin' genannt wurde. — Bei den Phönikern hieß sie *Astarte*.

Bei den Griechen, vor allem in den eleusinischen Mysterien, war *Demeter* die Göttin der Mütterlichkeit und der Fruchtbarkeit, die zusammen mit ihrer Tochter Persephone als die ‚megalai theai' (die großen Göttinnen) verehrt wurde. — *Aphrodite* hingegen war als Göttin der Liebe und Schönheit die griechische Umbildung der phönikischen Astarte.

Jedem Glauben an Mutter-Gottheiten liegt die Ahnung oder Erkenntnis zugrunde, daß in Wahrheit *jede Mutter* Trägerin, Gebärerin und Hüterin des Lebens ist, wie dies heute noch in der abendländischen Christenheit im *Marien*-Kult in Erscheinung tritt. Hier ist Maria die ‚Gottesgebärerin", die Mutter des Erlösers.

Die christlichen Mystiker erweitern dies durch die Klarstellung, daß *jede Frau* Heilsempfängerin und Trägerin der mütterlichen Macht und der göttlichen Liebe ist.

Mystikerinnen

Lebendige Zeugen dafür sind die großen Mystikerinnen in allen Hochreligionen, die bei den Alten Völkern als Priesterinnen, Seherinnen und Prophetinnen wirkten und einerseits den Lichtsuchern ihr jederzeitiges unmittelbares Verbundensein mit der göttlichen Liebe und Weisheit bewußt machten, andererseits als Sprachrohr göttlicher Offenbarungen und Trägerinnen der Gabe der Vorausschau dienten wie etwa die delphische *Pythia* oder die germanische Seherin *Weleda*, die, als im Jahre 70 n. Chr. die Gallier sich gegen Rom erhoben, deren Sieg zutreffend voraussagte, aber später, nach einer zweiten kriegerischen Auseinandersetzung, im Jahre 77 als Gefangene nach Rom verschleppt wurde.

Aus den Veden wissen wir, daß in Indien Frauen oft als Schiedsrichterinnen, Seherinnen und geistige Lehrerinnen tätig waren. Dieser Tradition gemäß empfing auch Ramakrishna wie andere Erleuchtete lange von einer Frau spirituelle Unterweisungen.

Aber bedeutender als diese waren die eigentlichen *Mystikerinnen,* die lehrten und demonstrierten, daß der Weg zum Einssein mit dem Göttlichen zu allen Zeiten für die Frau ebenso offen ist wie für den Mann, zumal die Frau sich leichter zu lassen, hinzugeben und der Einswerdung zu überlassen vermag als der Mann.

Die Mystikerinnen haben das ‚Ewig Weibliche‘ voll in sich verkörpert und erfahren, wie auf der letzten Strecke des Weges zur Vollendung die Gespaltenheit — das Getrenntsein von Männlichem und Weiblichem — in der Gott-Einheit aufgehoben wird. Hier ist es das androgyne göttliche *Selbst,* das zur ‚Syzygie‘, zur unio mystica gelangt.

Unmöglich, alle großen Mystikerinnen zu nennen. Hier kann nur eine kurze chronologische Übersicht einiger christlicher Mystikerinnen gegeben werden, beginnend etwa bei *Hildegard von Bingen* (1098—1179), die durch ihre Visionen, ihre prophetischen Gaben und ihre Kündung vom inneren Licht wie als Verfasserin naturwissenschaftlich-medizinischer Werke hervortrat, mehrere Klöster gründete und als Beraterin von Papst und Kaiser eine nachhaltige Wirkung auf das kirchliche und politische Leben ihrer Zeit ausübte.

Nicht weniger bedeutend war Schwester *Hadewych* (1180—1250) aus Brabant, die in der Kontemplation die Einung des männlichen mit dem weiblichen Pol der Seele erlebte. Laß darum, riet sie, „die Liebe frei aus deinem

Selbst wirken! Der Untergang deines Ich in Gott ist der Aufgang Gottes in dir."

Ausführlich wurde ihr Leben und Licht-Erleben ebenso wie das der Hildegard von Bingen und anderer Mystikerinnen wie Rabia, Mechthild von Magdeburg und Mme. Guyon an anderer Stelle dargelegt.*)

Ihnen ebenbürtig waren viele andere große Mystikerinnen wie Juliana von Lüttich (1193—1258), die schon erwähnte Mechthild von Magdeburg (1212—83), weiter Gertrud von Altenberg (1227—97), Gertrud von Hackeborn (1232—92) und ihre Schwester Mechthild, dann die Franziskanerin Angela von Foligno (1248—1309), die Nonne Gertrud von Helfta (1256—1311), die Dominikanerin Christina Ebner von Nürnberg (1277—1356), von der Kaiser Karl IV. sich beraten ließ, weiter Elsbeth Stagel von Zürich (1300—60), die Schülerin von Heinrich Suso, ferner Juliane von Norwich (1343—1413), Katharina von Siena (1347—80) und ihre Namensschwester von Genua (1447—1510), Theresa von Avila (1515—82), die die Meditation als den kürzesten Weg zur Vollendung aufzeigte, in England Gertrude More (1606—33) und Jane Lead (1623—1704) und schließlich in Frankreich Jeanne Marie Guyon (1648—1717), um nur einige der bedeutendsten zu nennen.

*

Eine andere große Mystikerin, die ‚Heilige des Atomzeitalters', war *Therese von Lisieux* (1873—97), die von Papst Pius X. zur ‚größten Heiligen unserer Zeit' erklärt wurde — eine moderne Künderin des Hohenliedes mütter-

*) Siehe „*In dir ist das Licht.* Vom Ich-Bewußtsein zum Kosmischen Bewußtsein. Die großen Erleuchteten als Führer zur Vollendung." (Drei-Eichen-Verlag, München/Engelberg)

licher Nächstenliebe. Auch in dem von ihr vertretenen Ideal der ‚geistigen Kindheit‘ rückte die Hinneigung zur Mütterlichkeit in den Vordergrund.

Der Verlust ihrer Mutter schon mit vier Jahren löste bei ihr schwere seelische Leiden aus; aber im Kloster erlebte sie dann die entscheidende innere Wandlung, in der sie Gott als die all-erlösende Liebe und das geistige Königtum der Frau erlebte.

Sie bedauerte zeitlebens, nicht Priester sein zu können (was die Katholische Kirche den Frauen nicht erlaubt), war aber überzeugt, daß *jede Frau,* die dies wünscht, „im Himmel alle Vorrechte der mütterlichen Priesterwürde genießen werde.“

Auf Grund Ihrer lebendigen Gottverbundenheit war sie, solange sie lebte, vielen Priestern Lehrerin und Wegweiserin. Eines ihrer letzten Worte war: „Alles ist vollbracht — nur die *Liebe* zählt“ — jene allumfassende liebevolle Mütterlichkeit, die das Atomzeitalter am nötigsten braucht.

Sie hat wie alle Mystikerinnen vor ihr demonstriert, *daß die Macht der Mütterlichkeit in jeder Frau unverlierbar angelegt ist und entfaltet werden kann.*

So mag auch das Wort der Dichterin Ricarda *Huch* verstanden werden: „Der Aufschwung Einzelner zur Gottheit bildet mit den Werken, die ihnen folgen, die diamantene Kette, die das Irdisch-Vergängliche an das Ewig-Künftige bindet, ohne welches es in die Öde des Wesenlosen stürzen würde.“

Große Frauen

Seit je haben Mütter demonstriert, was eine Frau zu leisten imstande ist, wenn sie ihre Fähigkeiten in Freiheit entfalten kann.

Dabei hat sich gezeigt, auf wie mannigfache, dem jeweiligen Wesen gemäße Weise die mütterliche Schöpferkraft sich offenbart.

Dennoch liegen, wie schon *Seneca* beklagte, „vieler Frauen herrliche Taten im Dunkeln", weshalb nur selten eingesehen und zugestanden wird, welch großen Anteil die Frauen am Leben und Fortschritt der Völker hatten und haben. Wo Geschichtsschreiber nur die großen Männer sehen, wurden nur zu oft die Frauen übersehen, die als Mütter oder Inspiratorinnen hinter ihnen standen.

Millionen Frauen sind stumm dahingegangen, ohne daß ihr opfervolles Wirken je gewürdigt wurde — ausgenommen jene, die sich als Dichterinnen, Künstlerinnen oder Wissenschaftlerinnen einen Namen machten.

Darum ist es angebracht, hier einmal von *großen Frauen* zu sprechen, wobei ich mich in chronologischer Folge auf jene beschränke, durch die sich die zeitlose *Macht und Schöpferkraft der Mütterlichkeit* auf vielfache Weise offenbarte.

Einleitend sei der ägyptischen Königin *Hatschepsut*, Tochter von Thutmosis I., gedacht, die von 1504—1483 vor Chr. regierte, Frieden und Wohlfahrt ihres Volkes sicherte und den Titel ‚Führerin der Edelfrauen‘ erhielt.

Eine nicht minder bedeutende Wirkung, und zwar in der Geschichte des Islam, übte *Aisha* (614—78 n. Chr.) als zweite Frau des Propheten Mohammed aus. Ihr ist die Niederschrift vieler Koran-Suren zu verdanken, weshalb sie nach dem Tode des Propheten als die ‚Mutter der Gläubigen‘ verehrt wurde.

Tausend Jahre später war es die Tochter des großen Kupferstechers Merian, Marie Sibylle *Merian* (1647—1717), die durch ihr unvergleichliches ‚Blumenbuch‘ und ihre Bildwerke über Schmetterlinge und Insekten Berühmtheit erlangte.

Die Schriftstellerin Anne-Louise-Germaine *de Stael* (1766—1817) schrieb schon mit zwölf Jahren Novellen und verhalf während der Schreckensherrschaft der Französischen Revolution vielen zur Flucht. 1803 ließ Napoleon sie wegen ihres Eintretens für die Freiheit des Menschen verhaften und später aus Frankreich ausweisen. In Deutschland lernte sie Goethe, Schiller und Fichte kennen. Ihre Romane wie „Corinne“ (1807) schilderten das Märtyrertum der unter dem Zwang der Konvention und Sitte leidenden genialen Frau. In ihrem Buch „Über Deutschland“ zeigte sie, wie sehr religiöses Gefühl und Begeisterungsfähigkeit Ursprung und Garant menschlichen Glücks sind. Ihr Leben und Werk machen deutlich, *welche Macht der Glaube an den Sieg des Guten* verleiht und zu welchen Höhen eine Frau aufzusteigen vermag, wenn sie sich für das Wesentliche, Mütterliche, Wirkende einsetzt und der Weisheit des Herzens folgt.

Auch das Leben und Wirken der schwedischen Königin *Desideria* (1777—1860), Stammutter des heutigen schwedischen Königshauses, bekannt durch ihre später aufgelöste Verlobung mit Napoleon Bonaparte, hat gezeigt, daß eine Frau nicht weniger als der Mann in die Geschicke der Völker segenbringend einzugreifen und sich in der hohen Politik erfolgreich zu bewähren imstande ist. Sie war im übrigen nur eine von vielen Frauen, die in der gleichen Position Außergewöhnliches geleistet haben.

Ein völlig anderes Beispiel gab die Mutter des Schweizer

Dichters Gottfried Keller, Elisabeth *Keller* (1787—1864), die bei ihrem ungebärdigen und lange ziellos dahintreibenden Sohn immer wieder unheilverhütend eingriff. Dafür fand ihre Mutterliebe in seinen späteren Werken ergreifende Verherrlichung. Ihr aufopferungsvolles Leben lehrt, daß die höchste Liebe die *Mutterliebe* ist. „Nur eine Mutter weiß allein, was lieben heißt und glücklich sein."

Auf wieder andere Weise hat das Leben der berühmten Opernsängerin Wilhelmine *Schröder-Devrient* (1804—60) deutlich gemacht, daß große Begabungen und Erfolge zwar oft von Enttäuschungen im persönlichen Leben (mehrere unglückliche Ehen) und langer Nichtanerkennung durch die Umwelt begleitet und behindert werden, daß aber das Leben als *Ganzes* allen Nöten zum Trotz ein Erfolg werden kann, *wenn eine Frau sich selber treu bleibt.*

Das Leben der Schweizer Jugendschriftstellerin Johanna *Spyri* (1827—1901) wiederum galt der geistigen Entfaltung der Kinder. Wie in ihrer Erzählung vom armen *This* dieser entgegen allen von einer verständnislosen Umwelt ihm aufgepfropften Hemmungen und Minderwertigkeitsgefühlen in dem Augenblick, wo er sich auf sich selbst besann und frei vom Druck des Sich-Belauertfühlens, alles richtig machte und sich zu einem frohen und tüchtigen Menschen entwickelte, so kann *jeder* und *jede* sich von anerzogenen Gehemmtheiten, Schuld- und Unwertgefühlen durch Nachinnenwendung und Selbstbesinnung befreien und über sich selbst hinauswachsen. Darüber hinaus hat sie gezeigt, wie die Liebe zu Kindern und die Sorge für sie einem Menschen das zu ersetzen vermag, was das Leben ihm nahm.

Zu den vielen großen Vorbildern mütterlicher Liebe zählt auch die Dichterin Marie von *Ebner-Eschenbach* (1830—1916) als Sprachrohr des sozialen Gewissens, des Geistes der

Barmherzigkeit gegenüber schwächeren Mitgeschöpfen und einer wahrhaft mütterlichen Menschlichkeit.

Was hinwiederum eine inspirierte Frau zu vollbringen vermag, bewies die große Russin Helene Petrowna *Blavatsky* (1831—91), die 1875 in Indien die Theosophische Gesellschaft gründete und in ihrer dreibändigen „Geheimlehre" und zweibändigen „Isis entschleiert" ein heute noch nicht ausgeschöpftes gnostisches Monumentalwerk hinterließ.

Als erste Schweizer Medizinstudentin und spätere Ärztin setzte sich Marie *Heim* (1845—1916) erfolgreich durch, weil sie jene höchste ärztliche Tugend besaß, die, wie ihre Biographin Johanna Siebel schrieb, „den Kranken die Wunder einschließende Gewißheit gab: Nun geschieht alles, was menschenmöglich ist; nun sind wir geborgen." — Ihr unermüdlicher Einsatz für bessere Kinderpflege und ihr soziales Werk trug ihr den Namen einer ‚Volksmutter' ein.

Sie lehrte und bewies, daß *jede Frau* sich bei bewußter Entfaltung ihrer Fähigkeiten in jedem Beruf zu behaupten und besonderes zu leisten vermag, weiter, daß es für eine Frau ebenso beglückend sein kann wie für den Mann, ganz in einem Werk aufzugehen, zumal, wenn es zugleich ihr Frauentum und die reicheren Kräfte ihres Gemüts anspricht. Bei alledem kann sie zugleich eine gute Hausfrau und eine Stütze und Kameradin sein. — Sie begrüßte es, daß immer mehr Frauen ‚männliche' Berufe ergreifen, dadurch zugleich der fortschreitenden Entseelung der Arbeit entgegenwirken und dazu beitragen, daß „nicht nur das Schlechte besser werde, sondern daß das Gute sich erhalte und mehre." Alsdann erweist die Frau sich in der Tat, wie Kingsley sagt, als „die natürliche göttliche Führerin und Anregerin und als Läuterer und Begeisterer des Mannes."

Im gleichen Sinne führte die Schweizer Sozialpolitikerin

Susanna *von Orelli* (1845—1939) einen erfolgreichen Kampf gegen den zunehmenden Alkoholismus und die von ihm bewirkte Zerrüttung des Familienlebens. Ebenso setzte sie sich für den Ausbau der öffentlichen Gesundheitspflege ein, weshalb sie 1919 als erste Frau den Ehrendoktor der Züricher Universität erhielt. Ihr Wirken hat gezeigt, daß *jedes* Leben inhalts- und glückreicher wird, das in den Dienst des allgemeinen Wohls gestellt wird, weil der Wille zum Helfen sonst brachliegende Kräfte und ungeahnte Talente aktiviert. Die Frau, die auf solche Weise ihrer *Mütterlichkeit* zu voller Verwirklichung verhilft, erfährt früher oder später die Wahrheit des Wortes: Dem Helfer hilft der Helfer droben!

Nach Frau Blavatsky war es die in Indien geborene Schriftstellerin Annie *Besant* (1847—1933), die als Führerin der Theosophischen Gesellschaft und als Verfasserin vieler einschlägiger Werke erfolgreich für eine umfassende Schulreform und für ein unabhängiges Indien kämpfte.

Fast zur gleichen Zeit bewies in England die Dichterin und Mystikerin Mabel *Collins* (1851—1927), was eine Frau als Mittlerin höchster Inspirationen aus der geistigen Welt zu vollbringen vermag.*)

Daß eine von Kind an unter Minderwertigkeitsgefühlen leidende Frau sich auf dem Wege der Selbstbesinnung und Selbstermutigung bis zur Genialität durchzuringen imstande ist, hat eine andere Schweizer Schriftstellerin, Nanny *von Escher* (1885—1932), überzeugend dargetan. In ihrem Selbstbekenntnis meint sie, „daß es vielleicht der verschiedenen Schicksalsschläge bedurfte, um aus dem scheuen und kränklichen Kind ein normales, leistungsfähiges Wesen zu

---

*) Ausführlich behandelt im Mabel Collins-Brevier „*Das Geheimnis der Inspiration.* Licht aus der geistigen Welt." (Drei-Eichen-Verlag)

machen ... Hätte das Geschick mich glimpflich angefaßt, würde ich vielleicht nie gelernt haben, zu leben" und dann hätten ihre Werke auch kaum jene lebendige Wirkung ausgelöst, die den Lesenden dankbar empfinden läßt: „Der Blick in eine Frauenseele ist wie ein Blick ins Himmelreich."

Möchten gleich ihr immer mehr Frauen erkennen, *daß hinter empfundenen Hemmungen und Unzulänglichkeiten verborgene Kräfte nach Betätigung verlangen,* daß sie also in Wirklichkeit unendlich viel reicher an Talenten sind, als sie ahnen, und daß sie ihr Leistungsvermögen in Richtung ihrer stärksten Neigungen nur gläubig zu bejahen und mutig zu betätigen brauchen, um über sich selbst hinauszuwachsen und *ihren* Weg zu den Höhen des Lebens zu gehen! —

Fast gleichzeitig wie Frau Escher hatte die angesehene Schriftstellerin Lisa *Wenger* (1858—1941) in ihrer Autobiographie „Was das Leben mich lehrte" dargetan, daß der schöpferische Mensch ein ewig Lernender, nach Vervollkommnung Strebender und ständig Fortschreitender ist, wenn er nicht nachläßt. — Über die Entwicklung und Verfeinerung der Fähigkeit, jeden Stoff zu beseelen und ein Kunstwerk daraus zu machen, hinaus gelingt dann vielleicht auch das Letzte und Größte: aus sich und seinem Leben *das* Kunstwerk zu machen, das der Schöpfer im Auge hatte.

*

Alles Große ist einmalig. Da aber die Kräfte, die in jedem Wesen schlummern, auch jeweils einmalig und einzigartig sind, anders als in jedem anderen Menschen, hat jede Frau die Möglichkeit, durch bewußte Entfaltung ihres eigenen mütterlichen Schöpfertums und durch ständige Leistungssteigerung Einmaliges zu erreichen oder zu vollbringen. Das kann nicht oft genug wiederholt werden.

Wie viele andere Frauen hat dies auch die Dichterin Ricarda *Huch* (1864—1947) durch ihre Werke bewiesen, in denen das mütterliche Empfinden gegenüber den Hilflosen ergreifenden Ausdruck fand.

Der gleiche Wille zum Helfen beseelte auch die Schriftstellerin Hedwig *Bleuler* (1869—1940) bei ihrem opferwilligen Einsatz für die leidende *Tierwelt* und im Kampf gegen den Alkoholismus. Daneben gründete sie unter anderem ein Frauenbildungswerk.

Jede Frau, die gleich ihr innerlich lebendig bleibt und sich für den Reichtum des Lebens offenhält, kann wie sie erfahren, daß *„Güte und Liebe im Ausgeben wachsen.* Denn sie sind ja nicht Honig im Topf, den man aufbewahren kann, sondern etwas Lebendiges, das stirbt, wenn es sich nicht regen kann, weshalb es gilt, so zu leben, daß *um einen herum kein Menschenkind arm an Liebe aufwächst.“*

In derselben Richtung betätigte sich die italienische Ärztin und Pädagogin Maria *Montessori* (1870—1952), die sich das Medizinstudium erkämpfte und als erste Frau in Italien den Doktorgrad erwarb. Ihr mütterlicher Drang ließ sie als Erste Schulen für schwachbegabte Kinder errichten mit neuen Lernmethoden. In vielen Ländern gründete sie Montessori-Schulen und setzte sich mit gleichem Erfolg für die bewußte Selbsterziehung der jungen Menschen ein.

Um noch eine Schriftstellerin zu Wort kommen zu lassen: Maria *Waser* (1878—1939), Redaktorin der Kunstzeitschrift „Die Schweiz“, war es, die sich in besonderem Maße für die *Sendung der Frau* und gegen Rassendiskriminierung einsetzte. Sie betonte die Notwendigkeit, bei der notwendigen lebendigen Teilnahme am Zeitgeschehen nie den Kontakt mit *der inneren Welt* zu verlieren und neben den Aufgaben der Zeitlichkeit nicht die Forderungen der Ewigkeit zu überhören:

„Aus meiner Kindheit blieb mir die Gewohnheit, meine

Zeit weniger an tickenden Erden-Uhren zu messen als am gemessenen Gang der Gestirne. Nach ihnen richtete sich mein Weg, und so folgte er auch dann, wenn er durch Schattentiefen und schwarze Klüfte führte, allezeit dem großen Sonnenbogen. Immer blieb ich gewiß: *Am Ende steht das Licht*."

Keine Gewißheit verleiht mehr Kraft und Lebensmut als diese. —

Nicht vergessen sei hier das große Vorbild der 1880 geborenen Helen *Keller,* die mit anderthalb Jahren infolge einer Krankheit lebenslänglich blind, taub und stumm wurde, sich aber trotzdem mit eiserner Zähigkeit den Zugang zum Leben erkämpfte, sich mehrere Sprachen aneignete, in Boston studierte und sich später der großen Aufgabe widmete, als Inspektorin von Blinden- und Taubstummen-Anstalten den Leidensgenossen ihr Los zu erleichtern.

In ihren biographischen Werken bekennt sie sich zu dem Gedanken der *Lebensbemeisterung durch Bejahung.* Mit Recht mahnte sie vor allem die *Mütter,* „die Kinder von klein auf im rechten Gebrauch ihrer fünf Sinne auszubilden. Wenn diese zugleich als Eingang in die innere Welt dienen, wird der Einzelne sein Leben voll auszuschöpfen imstande sein. Die einzige der Menschenwürde gemäße Haltung dem Leben gegenüber ist die der Zuversicht, des Glaubens an das Gute, des Vertrauens zur inneren Kraft und zur Hilfe von oben."

Bei dieser Einstellung vermag *jede Frau* auch mit den unzulänglichsten Mitteln und unter den widrigsten Umständen ihr Schicksal erfolgreich zu meistern. Wenn Helen Keller dies so erfolgreich fertigbrachte, um wieviel mehr ein Mensch mit gesunden Sinnen!

Als letztes Beispiel sei die 1897 geborene lettische Schriftstellerin Zenta *Maurina* genannt, die, obwohl infolge Kinderlähmung von klein auf an den Rollstuhl gefesselt, sich nicht unterkriegen ließ, nach erfolgtem Studium in Riga als erste Frau ihres Landes den philosophischen Doktorgrad erlangte und ein Institut für Literatur und Philosophie gründete. Später wirkte sie als Gastdozentin an der Universität Uppsala. Mit ihren Werken hat sie ähnlich wie Helen Keller unzähligen Frauen Trost, Kraft und neuen Lebensmut gegeben.

Wenn hier vor allem Schriftstellerinnen als Beispiele großer Frauen behandelt wurden, soll das nicht heißen, daß in anderen Berufen weniger geniale Frauen tätig waren. Im Gegenteil. Aber es ist unmöglich, in einem Lebensbuch wie diesem mehr als einige Beispiele anzuführen.

Von großen Frauen, die in Frauenbewegungen und im politischen Leben führend waren, wird im weiteren die Rede sein. Zuvor sei hier einer anderen Seite des Wirkens der mütterlichen Frau gedacht.

Inspiratorinnen großer Männer

Wenn wir auf das Leben und die Leistungen *großer Männer blicken,* sollten wir nicht übersehen, *wem* viele von ihnen das Fundament ihrer Größe verdanken: der Liebe ihrer Lebenskameradinnen.

Schon der große griechische Tragiker Euripides schrieb vor zweieinhalb Jahrtausenden: „Wieviel Kluges kam doch von den Frauen". Aber ihr größtes Werk waren oft die genialen Söhne, denen sie das Leben schenkten.

So verdankte der chinesische Philosoph *Meng Tse* (Mong Dsi, 372—289 vor Chr.), der die Lehre des Konfuzius ausbaute und große Verehrung genoß, sein Können und seinen Ruhm seiner *Mutter,* die ihn unter großen Opfern ausbilden ließ und ihn anleitete, durch seine Lehrtätigkeit und seine Schriften den Geist der Güte und Gerechtigkeit ausbreiten zu helfen.

Talleyrand's oft mißbrauchtes Wort *„Cherchez la femme!"* ist bei genialen Männerleistungen berechtigt, weil dahinter oft die anspornende und inspirierende Kraft ihrer Mütter oder ihrer Partnerinnen stand. Sie alle erfüllten die höchste Aufgabe der Frau: „Durch *Liebe* zu beglücken und zu nützen und in dem Kreise, welchen um sie her die Liebe schafft, ihr eigenes Glück zu finden, das ist der Frau'n Bestimmung."

Hier seien wiederum wenigstens einige der großen Mütter und Lebensgefährtinnen in chronologischer Folge als Beispiele angeführt, als erste *Goethes Mutter* Katharina Elisabeth (1731—1808), von der der Dichter bekannte: „Vom Vater hab' ich die Statur, des Lebens ernstes Führen, vom Mütterchen die Frohnatur, die Lust, zu fabulieren."

Sie selbst schrieb, daß sie „schon im Mutterleibe gespürt habe, was aus ihrem Kinde werden wird" — ein Beispiel für unbewußte vorgeburtliche Erziehung und spätere positive Beeinflussung. Neben ihrer Herzensgüte besaß sie Humor und die Fähigkeit, aus allem das Bestmögliche zu machen, sowie andere Eigenschaften, die Kennzeichen echter Mütterlichkeit sind und dazu beitrugen, daß der Genius ihres Sohnes sich schon in jungen Jahren offenbarte.

Pestalozzi wiederum verdankte die geistigen Leitbilder seiner pädagogischen Arbeit weithin seiner Frau *Anna* (1738—1815), die ihm bei seiner Erziehungsarbeit stets helfend zur Seite stand.

Nicht weniger positive Impulse wie von seiner Mutter empfing Goethe übrigens von Charlotte *von Stein* (1742—1827), die es ebenso wie seine Mutter verstand, ihr Leben zu einem Kunstwerk zu gestalten.

Zu rühmen ist weiter die Gattin des Goethe-Freundes *La-*

vater, Anna (1742—1815), die nicht nur ihm, sondern auch unzähligen Kranken, Armen und Unglücklichen eine unermüdliche Helferin war. „Ich bin" — bekannte Lavater —, der glücklichste Ehemann, der unter der Sonne lebt. So übereinstimmend schafft Gott in einem Jahrhundert nur zwei Seelen!"

Auch die Mutter des Philosophen Arthur Schopenhauer, *Johanna Schopenhauer* (1766—1838), die selbst schriftstellerisch tätig war, hat in ihrem Sohne schon früh die geistig-schöpferischen Kräfte aktiviert. Sie war (ähnlich wie Goethes Mutter) fest überzeugt, daß „kein für sein Alter klügeres Kind auf Gottes Erdboden lebt als das meinige. Ich hatte am Tage wie bei Nacht kaum einen anderen Gedanken als meinen Sohn Arthur." Kein Wunder, daß auch Goethe diese hochtalentierte Frau schätzte und viele Jahre hindurch einer ihrer regelmäßigen Gäste war, zu denen auch Schlegel, Wieland, die Brüder Grimm, Brentano und andere zählten.

Weiter ist hier Karoline *von Humboldt* (1766—1829) als eine der Frauen zu nennen, die sich in der Ehe die innere Unabhängigkeit zu bewahren wußten und die zugleich ein so lebendiges Urbild echter Mütterlichkeit war, daß Schiller sie mit den Worten lobte: „Eine ungewöhnliche Zartheit liegt in ihrer Seele und ihr Geist ist reich und durchdringend." Sie verstand es, wie Humboldt selbst einmal bemerkte, „in aller Heimlichkeit den Blick auf das Schöne und Edle zu lenken, auf alles das Gemüt Erhellende ... Ich glaube nicht, daß je zwei Menschen inniger mit einander, vertrauter und glücklicher durch einander in immer steigender Liebe gelebt haben."

Gleiches traf auf Hölderlins Freundin Suzette *Gontard* (1768—1822) zu, die er ‚Diotima' (nach der mythischen Priesterin, die, nach Plato's ‚Gastmahl', Sokrates mit den

Ideen über das Wesen der Liebe vertraut machte) nannte und als Vorbild höchster Mütterlichkeit und Liebe anbetete: „Unergründlich sich verwandt, hat sich, eh' wir uns gesehen, unser Innerstes gekannt" . . .

In ähnlicher Weise waren Frau *Christine* als Weggefährtin des Dichters Friedrich *Hebbel* und Frau *Mathilde* als Gattin Heinrich *Heine's* (der sie ‚Gatt- und Göttin' nannte) Inspiratorinnen ihrer Männer.

Beethoven wiederum dankte seiner Mutter für sein Können: „Sie war eine so gute, liebenswerte Mutter und meine beste Freundin. Wer war glücklicher als ich, daß ich den süßen Namen ‚Mutter' aussprechen konnte!"

Wie andere Dichter bekannte auch Joseph Victor von *Scheffel* von seiner Mutter *Josephine* (1803—63): „Was ich Poetisches in mir habe, habe ich von meiner Mutter." Sie trat auch durch Gründung einer weiblichen Hilfsorganisation und eines regionalen Frauenvereins hervor.

Mathilde *Wesendonck* (1828—1902) war für Richard *Wagner* die sein Schaffen befruchtende Muse und Vorbild des die Seele lichtwärtsleitenden ‚Ewig Weiblichen'. Überdurchschnittlich begabt und als Verfasserin tiefsinniger Märchen gerühmt, war sie es, die Wagner zu seinen geistigen Höhenflügen im „Ring der Nibelungen", im „Tristan" und im „Parsifal" impulsierte.

Von Hermann *Hesse* wissen wir, daß er seine Erzählergabe seiner in Indien geborenen Mutter *Maria Hesse* (1842 —1902) verdankte und durch sie zur Ehrfurcht vor dem Mütterlichen erzogen wurde. Ein der toten Mutter gewidmetes Gedicht schließt mit den Worten:

> „ . . . Doch darf ich fühlen, wie beim Lesen
> mein Weh sich wunderlich vergißt,
> weil *dein* unsäglich gütig Wesen
> mit tausend Fäden um mich ist."

Wie unzählige andere Frauen Inspiratorinnen ihrer Söhne oder Männer waren, so auch die Sopranistin *Nina Grieg* (1845—1925). Sie hatte entscheidenden Anteil am Musikwerk von Edward Grieg, der es ihrem mütterlichen Wesen und ihrer unerschütterlichen Treue verdankte, daß er nach vielen Kämpfen und Rückschlägen schließlich allgemeine Anerkennung erlangte.

„Ein Mutterleben — nun, ein Dritteil Schmerzen, eins Plage, Sorge eins, was weiß ein Mann davon?" schrieb Hugo von *Hofmannsthal* über seine Mutter *Anna* (1849—1904). Ähnlich bekannte ein anderer Dichter: „In meiner Mutter Schoß keimt' auf mein Dichter-Los."

Zu den großen Trägerinnen mütterlicher Macht gehörte auch Lou *Andreas-Salomé* (1861—1937), die Freundin *Nietzsche's,* von ihm gerühmt als „das begabteste und nachdenkendste Geschöpf, das man sich denken kann." Sie war später Rilke's Begleiterin auf seinen Rußlandreisen.

Lebenslange Helferin ihres Mannes war auch *Marie Curie* (1867—1934), mit dem sie das Polonium und das Radium entdeckte, wofür beide zusammen 1903 den Nobel-Preis für Physik erhielten. Frau Curie, die später auch den Nobel-Preis für Chemie in Empfang nehmen konnte, wirkte zugleich unendlich segensreich als Vizepräsidentin der Internationalen Kommission für geistige Zusammenarbeit beim damaligen Völkerbund.

Auch andere Wissenschaftler haben wie der Biochemiker und Nobel-Preisträger Franz *Cori* öffentlich bekannt, daß ihre Frauen für sie durch ihre inspirative Mitarbeit als ‚Katalysatoren des wissenschaftlichen Fortschritts' wirkten. Cori und seine Frau Gerti Theresa (geb. 1896) erhielten 1947 gemeinsam den Nobelpreis für Medizin und Physiologie.

Doch genug der Beispiele! Sie zeigen, wieviele Mütter

und Frauen nicht nur der gute Genius ihrer Kinder waren, sondern auch als Lebenskameradinnen die genialen Potenzen großer Männer erwecken und entfalten halfen.

Die Befreiung der Frau

Wir leben heute in einer weithin männlich orientierten rationalistisch-materialistischen Übergangszeit, die durch ihre Geistferne und hemmungslose Ausbeutung der Natur und der Geschöpfe gekennzeichnet ist, weiter durch den Trend zur Vermassung und durch den zunehmenden Kampf aller gegen alle.

Damit einher geht der Rückgang der Gesittung und Kultur und die Zunahme der allgemeinen Unruhe und Disharmonie, der Aggressionen und Zwistigkeiten, Revolutionen und kriegerischen Auseinandersetzungen — die alle letztlich Folgen des *Mangels an Liebe* sind.

Zum Glück wird das Schicksal der Völker und der Menschheit nicht von der Masse bestimmt, sondern immer wieder von einzelnen Menschen. *Und hier liegt die Aufgabe, die Entwicklung zum Guten zu lenken, entscheidend in den Händen der mütterlichen Frauen, die nur weit mehr als bisher ihrer Freiheit und Macht bewußt werden müssen.*

Was die einzelne Frau an positiven Kräften und Eigenschaften in sich entfaltet und im Dienste des gegenseitigen Verstehens und Zusammenstehens, der Einmütigkeit und Einheit zum Wirken bringt, kommt immer auch der Gemeinschaft zugute und dient letztlich der Höherentwicklung der Menschheit.

„Verlaßt euch nicht auf die Männer!" schrieb eine tapfere Vorkämpferin des Frauenrechts, die auf *Gandhi* verwies, der erlebte und anerkannte, wie die Frauen Indiens alles opferten, um ihrem Volke zur Freiheit von der Fremdherrschaft zu verhelfen.

„Dieses liebevolle mütterliche Eintreten und Zusammenstehen der Frauen in ganz Indien hat mich überzeugt, daß Gott mit uns ist", schrieb Gandhi und fuhr fort: „Auf euch, ihr Frauen, ruht die sittliche und geistige, wirtschaftliche und politische Rettung Indiens. Ihr werdet die Kinder unseres Volkes dazu erziehen, daß sie gottesfürchtige, mutige und tapfere Männer und Frauen werden, nicht Schwächlinge, die den Stürmen des Lebens und dem Druck der Umwelt nicht zu widerstehen vermögen!"

Was Indiens Frauen fertigbrachten, kann *jede Frau* für die eigene Befreiung wirken. Sie kann dann im weiteren die *mütterliche Macht* in Familie und Gesellschaft, Politik und Wirtschaft zu segensreicher Auswirkung bringen. Auf ihren Schultern ruht das Wohlergehen der Gemeinschaft.

Die Mütter und Frauen können eine geistige Kettenreaktion guten Willens über die ganze Welt hinweg auslösen, wenn sie ihrer *innerer Freiheit* bewußt werden und erkennen, daß sie in ihrem Heim nicht wie in einem Käfig gefangen sind, sondern daß die Tür zur Umwelt offensteht!

Möge jede Frau im Sinne des Rufs der Dichterin Ina *Seidel* der Wahrheit lebendig bewußt werden, daß „die große Aufgabe der Frau von heute in der weisen und rechten Anwendung ihrer Freiheit im Sinne der Lebensgesetze liegt. Wenn die Frau an Bewußtheit gewonnen hat, wird ihr diese Bewußtheit zunächst zur Erkenntnis des eigenen Wesens und seiner unlösbaren Beheimatung in der dämmerigen Tiefe unerschöpflichen und sich doch immer gleichbleibenden Werdens verhelfen. Und in diesem Wissen wird sie das Ziel ihrer Bildung und ihres persönlichen Einsatzes jeweils dort erblicken, wo es mit der von ihr mit Ehrfurcht erkannten Absicht der Schöpferweisheit zusammenfällt."

*

Es ist eine durch nichts begründete Überheblichkeit, wenn ein Mann der Frau gegenüber *Vorrechte* zu haben glaubt. Denn die Frau hat, wie ein Philosoph sagt, „von den Göttern die selbe Vernunft erhalten wie der Mann". Sie verfügt über eine Fülle gleichwertiger Vermögen.

Darum fordern Frauen seit je mit Recht, daß sie wie der Mann ihre Kräfte und Fähigkeiten *frei* entfalten und betätigen können und nicht durch überholte Vorurteile daran gehindert werden. Sie wehren sich mit Recht gegen jede Unterdrückung der weiblichen Persönlichkeit und ihrer besonderen Begabungen und fordern die völlige *Gleichberechtigung,* weil nicht das Geschlecht, sondern die zugrundeliegende *Individualität* den Wert des Menschen bestimmt.

Ein Blick in die Vergangenheit zeigt, wie hartnäckig ihr dieses natürliche Recht streitig gemacht und vorenthalten wurde. Denken wir nur daran, daß in Indien lange Zeiten hindurch an der Spitze der menschlichen Hierarchie der Brahmane, der Priester, stand; dann folgte die Kaste der Krieger, dann der gewöhnliche Mann, danach der Elefant, der Ochse und andere Tiere bis zum Hund, hinter denen am Ende der Geltungsskala die Frau folgte.

Oder denken wir an das Elend der Witwen in Indien, die bis heute noch weithin der Ächtung durch die Sippe und der Heimatlosigkeit ausgesetzt waren.

Auch in den mohammedanischen Ländern ist die Frau noch weithin rechtlos. Sie kann vom Manne, wenn sie nicht bedingungslos gehorcht, geschlagen und verstoßen und dem Elend schutzlos preisgegeben werden.

Auch im christlichen Abendland war und ist die Gleichberechtigung der Frau noch bei weitem nicht selbstverständlich. Erst seit 1908 wurden in Deutschland Frauen zum Studium zugelassen, und erst 1918 erhielten sie das aktive und passive Wahlrecht. In der Schweiz ist das erst in einigen

Kantonen der Fall, in Australien hingegen schon seit 1801.

Das in Artikel 8 der Satzung der Vereinten Nationen festgelegte Prinzip der Gleichberechtigung von Mann und Frau ist selbst dort bisher nirgends verwirklicht. Im Personalbestand wie in den Delegationen zur Generalversammlung und in den Ausschüssen der UN bilden die Frauen — wie in den Regierungen der einzelnen Staaten, Länder und Gemeinden — eine beklagenswerte Minderheit.

Der zahlenmäßige Anteil der Frauen in den Parlamenten der einzelnen Staaten beträgt nur wenige Prozent, obwohl doch die Gemeinde-, Landes- und Staatsverwaltung nichts weiter ist als eine über die vier Wände der Wohnung hinaus erweiterte Heim-Verwaltung und obwohl doch gerade die politische Mitarbeit der Mütter und Frauen der ganzen Gesellschaft zugutekommt.

Auch die berechtigte Forderung nach gleichen beruflichen Betätigungsmöglichkeiten der Frauen und nach gleichem Lohn für die gleiche Arbeit wie bei den Männern ist bisher noch weitgehend unerfüllt geblieben, ebenso die nach finanzieller Gleichstellung auch der älteren Frauen, der Rentnerinnen, mit den Männern — von vielen anderen beschämenden Unzulänglichkeiten ganz zu schweigen.

Frauen-Bewegungen

Diese und andere Mißstände waren mit der Grund für die Entstehung und das Wachstum der Frauen-Bewegungen, die einen ihrer Anstöße von einem Mann erhielten, von dem englischen Philosophen John Stuart *Mill* (1806—73): er veröffentlichte 1869 das aufsehenerregende Buch „The Subjection of Women" (Die Unterdrückung der Frauen) und setzte sich für das Stimmrecht und die gesellschaftliche und politische Gleichberechtigung der Frauen ein.

Seitdem nahmen die Frauen-Bewegungen einen beachtlichen Aufschwung. Doch ist es auch hier unmöglich, all jene zu nennen, die daran teil hatten und sich unter großen Opfern für das Recht der Frauen und den Sieg der Mütterlichkeit eingesetzt haben. Nur eine kurze chronologische Übersicht:

Einsame Vorkämpferin für die Gleichstellung der Frau war in der Schweiz Hortensia *Gugelberg von Moos* (1659 —1715), die in Wort und Schrift das Selbstbewußtsein der Frau zu heben versuchte und ihrem berechtigten Freiheitsverlangen Ausdruck gab.

Mehr als hundert Jahre später war es Bettina *von Arnim* (1785—1859), die Schwester des Dichters Clemens Brentano, die sich in Deutschland für die soziale Befreiung der Frau einsetzte.

In Amerika trat die Emerson-Anhängerin und Sozialreformerin Sarah Margaret *Fuller* (1810—50) als Redaktorin in vielen Blättern für die rechtliche Gleichstellung von Mann und Frau ein. Sie gab 1845 das erste Buch über die Frau in den USA heraus und rief alle Frauen zur Solidarität auf.

In Deutschland wiederum war es die Schriftstellerin Luise *Otto-Peters* (1819—95), die auf die Erziehung der Frau zur bewußten Staatsbürgerin hinwirkte und 1863 den „Allgemeinen Deutschen Frauenverein" gründete. Sie forderte „im Namen der Moralität, des Vaterlandes und der Humanität" von der sächsischen Regierung Maßnahmen gegen die Not der Fabrikarbeiterinnen und Tagelöhnerinnen.

Noch deutlicher wurde die Begründerin der Leipziger Frauen-Hochschule, Henriette *Goldschmidt* (1825—1920), mit ihrer wiederholten öffentlichen Anklage: „Wir haben Stadtväter — wo bleiben die Stadtmütter?"

Unter den Vorkämpferinnen der Frauen-Bewegung ist

weiter Jenny *Hirsch* (1829—1902) zu nennen, die sich als Schriftleiterin des „Frauen-Anwalts" und der „Deutschen Hausfrauenzeitung" für eine sachgerechte Förderung der Erwerbstätigkeit der Frauen einsetzte.

Unter dem Vorsitz von Auguste *Schmidt* (1833—1902) wurde 1894 der „Bund Deutscher Frauenvereine" mit dem Blick auf die *Kulturaufgaben der Frau* gegründet. In der von ihr gegründeten Zeitschrift „Neue Bahnen" forderte sie die freie Berufswahl der Frauen, die damals noch weithin als ‚unerwünscht' galt.

In Österreich wirkte Marianne *Hainisch* (1839—1936) als Pionierin der Frauenbewegung und Gründerin des „Bundes Österreichischer Frauenvereine", durch den sie zugleich in breiter Öffentlichkeit für den Friedensgedanken eintrat, ebenso als Vizepräsidentin des „Internationalen Frauenrats". — Ihr Sohn *Michael* war von 1920—28 Bundespräsident der Republik Österreich. Er war nicht umsonst durch ihre Schule gegangen.

Weltweit bekannt wurde *Carmen Sylva* (Pseudonym der rumänischen Königin *Elisabeth,* 1843—1916) als Dichterin wie als Vorkämpferin für die Rechte der Frauen. Zugleich versuchte sie als Landesmutter die Not der breiten Volksschichten in Rumänien zu lindern und den allgemeinen Lebensstandard zu heben. Auch sie war eine allgemein beliebte ‚Mutter des Volkes'.

Eine der bedeutendsten Frauen-Führerinnen war Helene *Lange* (1848—1930), die den Deutschen Lehrerinnen-Verein gründete und mit der bekannten Dichterin und Politikerin Gertrud *Bäumer* (1873—1954) die Zeitschrift „Die Frau" herausgab und die Selbst- und Höherbildung der Frau im Geiste wahrer Mütterlichkeit forderte und förderte.

Gegen die Unterbewertung der Frau und die Unterdrükkung ihrer individuellen Freiheit kämpfte erfolgreich auch die Schweizer Schriftstellerin Ellen *Key* (1849—1926), unter anderem in ihrer 1895 herausgegebenen Schrift „Mißbrauchte Frauenkraft". Nicht weniger segensreich war ihre Arbeit für den Frieden und für die Völkerversöhnung.

Der Friedensarbeit war auch das Lebenswerk der Südafrikanerin Olive *Schreiner* (1855—1920) gewidmet. Ihr Wahlspruch war:

„Der Tag, an dem die Frau in der Führung der Außenpolitik ihren Platz neben dem Manne einnimmt, wird das Ende aller Kriege bedeuten."

In gleicher Richtung wirkte Isabel Lady *Aberdeen* (1857—1937), die Führerin der englischen Frauenbewegung und seit 1893 Vorsitzende des Internationalen Frauenbundes, die erreichte, daß der damalige Völkerbund 1919 die Gleichberechtigung der Frau anerkannte.

Die schwedische Dichterin Selma *Lagerlöf* (1858—1940), Ehrendoktor der Universität Uppsala und, 1909, Empfängerin des Nobel-Preises für Literatur, gab in ihren Märchen und Romanen dem Geist der Mütterlichkeit Ausdruck und setzte sich, u. a. in einer Rede auf dem Internationalen Frauenstimmrechts-Kongreß in Stockholm, für den Frieden unter den Völkern ein, wobei sie ihren Glauben an die Übermacht der guten, positiven Kräfte und Tendenzen in der Menschheit bekannte.

Die amerikanische Sozialpolitikerin Jane *Addams* (1860—1935) wiederum, die Mitbegründerin der Internationalen Frauenliga für Frieden und Freiheit, erhielt für ihre vorbildliche Sozialarbeit und für ihren unermüdlichen Einsatz für die Rechte der Frau den Friedens-Nobel-Preis — stellvertretend für unzählige ungenannte Mitkämpferinnen.

Eine andere Pionierin der Frauenbewegung, die Generalstochter Lily *Braun* (1856—1916), Verfasserin eines Buches

„Die Frauenfrage" und des berühmten Romans aus der Goethe-Zeit „Im Schatten des Titanen" (1908) setzte sich insbesondere für die Verwirklichung einer allgemeinen sozialen Mutterschaftsversicherung ein.

Etwa im gleichen Zeitraum behandelte die schon erwähnte Gertrud *Bäumer* (1873—1954), von 1919—33 Ministerialrätin im Reichsinnenministerium, Vorsitzende des Bundes deutscher Frauenvereine und Reichstagsabgeordnete, Verfasserin des fünfbändigen „Handbuchs der Frauenbewegung" und historischer Romane, die Stellung der Frau im Kulturleben, in der Politik und Volkswirtschaft und wies auf die Notwendigkeit ihres gleichberechtigten Einsatzes neben dem Manne hin.

In Amerika wiederum genoß die Schriftstellerin Ellen *Glasgow* (1874—1945) Verehrung wegen ihrer realen Darstellungen des mütterlichen Wesens und wegen ihres Appells an die *Macht der Mütterlichkeit*:

„Wir Mütter müssen die unterirdischen Kraftfelder aktivieren und fruchtbar machen im Dienste der Liebe und des Friedens, der Güte und einer geläuterten Humanität!"

Nicht weniger aktiv setzte sich Elly *Heuß-Knapp* (1881—1951), die Gattin des ersten Präsidenten der Bundesrepublik Deutschland, *Theodor Heuß,* für die Rechte der Frau ein. 1950 konnte sie die Arbeit der verschiedenen Frauenverbände im „Müttergenesungswerk" koordinieren. Sie erhielt mit Recht den Ehrennamen: *„Mutter der Mütter".*

Zu den großen Politikerinnen zählt auch die 1884 geborene amerikanische Soziologin Eleanor *Roosevelt,* seit 1905 Gattin des späteren amerikanischen Präsidenten Franklin D. Roosevelt. Als Journalistin, als amerikanische Delegierte auf der ersten Generalversammlung der Vereinten Nationen und als spätere Vorsitzende der UN-Kommission für Menschenrechte vertrat sie mit Erfolg die Belange der Frauen und Mütter.

In Japan widmete sich der gleichen Aufgabe die 1887 geborene Fusaye *Ishikawa*, die als Redakteurin 1918 die erste japanische Frauen-Organisation mit dem Ziel der Durchsetzung der Gleichberechtigung der Frau schuf, die später verboten wurde. Erst nach dem 2. Weltkrieg konnte sie mit der von ihr neu gegründeten „Liga der Wählerinnen" das aktive und passive Wahlrecht für die Frauen durchsetzen.

Ein ähnliches Beispiel persönlicher Tapferkeit gab auch die 1900 geborene indische Politikerin Vijaya *Lakshmi Pandit*, Schwester des Premierministers *Pandit Nehru*. Sie wurde der erste weibliche Gesundheitsminister Indiens, war dann indische Botschafterin in Moskau, später in Washington Leiterin der indischen UN-Delegation und 1953 Präsidentin der UN-Vollversammlung. Außer für die Gleichberechtigung der Frau setzte sie sich unermüdlich für den Frieden unter den Völkern ein.

Zur gleichen Zeit schuf die Frauenführerin in Pakistan, Liaquat *Ali Khan*, Professorin für Volkswirtschaft, die 1933 den Generalsekretär der „All-Indischen Moslem-Liga" und späteren ersten Ministerpräsidenten von Pakistan heiratete, mehrere einflußreiche Frauenorganisationen. Sie wurde für ihren Einsatz mit Recht durch den Titel „*Mutter von Pakistan*" geehrt.

Heute gibt es eine Vielzahl globaler Frauen-Organisationen, unter denen der Welt-Mütterbund „WOMAN" (*W*orld *O*rganization of *M*others of *A*ll *N*ations) als Weltfriedensorganisation heute in 48 Ländern vertreten ist. —

Im ‚Jahr der Frau' unterzeichnete ich mit anderen Autoren den Aufruf zur Frauen-Solidarität, der den Vereinten Nationen unterbreitet und vom UN-Sekretariat als „Bemühung um den Geist der internationalen Kooperation" und der Solidarität der Frauen in allen Ländern begrüßt wurde. Er entsprach dem der „Womens Universal Movement" an alle Regierungen der Welt, der mit einem Wort des englischen Dichters Matthew *Arnold* begann:

„Wenn die Menschheit eine Zeit erlebt, in der sich die Mütter in aller Welt zum Segen und Wohl der Menschheit vereinigen, werden die Frauen eine Kraft und Macht entfesseln, wie sie die Welt noch nicht gesehen hat."

In gleicher Richtung wirkt seit langem in Österreich der „Weltbund der Bertha-von-Suttner-Freunde" unter dem Motto: „Möge die Nächstenliebe zur Weltreligion und die Sprache des Herzens zur Weltsprache werden!"

Wird dieses hohe Ziel und damit zugleich die Befreiung der Frau erreicht, dann kann und wird der Friede unter den Völkern aus Traum, Wunsch und Hoffnung zu Wirklichkeit werden.

Die Mütter und der Friede

Die in die Milliarden gehende lawinenartig wachsende Rüstung in der Welt zeigt, wohin der angeblich klassische Satz „Si vis pacem, para bellum" (Wer den Frieden will, muß zum Kriege rüsten) in seiner gefährlichen Unlogik führt: zur Selbstvernichtung der Menschheit.

In Wahrheit ist dieser Satz, wie schon Bertha von Suttner klargestellt hat, so denkwürdig und widersinnig wie die Aufforderung: „Wenn du weiß willst, bereite schwarz" oder „Wenn du mit deinem Nachbar in Freundschaft leben willst, fletsche die Zähne gegen ihn".

Der Satz ist die Sinnverkehrung des psychologisch und psychodynamisch richtigen Worts von *Seneca:* „Si vis amari, ama!" (Willst du geliebt werden, so liebe!)

Alle Religionen und alle Weisen der Menschheit haben diese Wahrheit mit der gleichen Eindeutigkeit verkündet wie Jesus Christus in seiner *Bergpredigt.**)

Sie alle lehren übereinstimmend, daß, wer friedliche Gesinnung hegt und betätigt, Frieden schafft.

Die göttliche Weisheit hat mit Recht die *Mütter und Frauen* zu berufenen Trägerinnen, Beschützerinnen und Erhalterinnen des Lebens und damit des Friedens bestimmt. Zu ihren unabdingbaren Aufgaben gehört es, das Denken und Handeln der Menschheit mit dem Geist der Liebe und des Friedens zu erfüllen.

Das meint auch das Wort des österreichischen Dichters Robert *Hamerling:* „Was uns aus den Wirren der Gegen-

---

*) Siehe hierzu: *„Die Religion der Bergpredigt* als Grundlage neuen Lebens" (5. Auflage, Drei-Eichen-Verlag, München/Engelberg)

wart errettet, was die Blüte der Humanität im Menschengeschlecht zur Entfaltung bringen und das Reich des Friedens begründen wird, ist die mütterliche Liebe" — *der globale Sieg der Macht der Mütterlichkeit.*

Das ist auch der Kern dessen, was ich im „Manifest des Friedens" (Frick-Verlag, Pforzheim) betonte:

„Vor allem die *Frauen,* die der Natur und dem Leben näher stehen als der Mann und ihrem Wesen nach auf Erhaltung des Lebens angelegt sind, sollen und können den Ungeist des Krieges ausrotten helfen, indem sie alles tun, was der Bejahung, der Pflege und Förderung des Lebens und der Wohlfahrt aller dient, und allem die Achtung und den Beistand versagen, was dem Geist des Lebens widerspricht.

In der Tat waren es vornehmlich *Frauen,* die sich aktiv für den Frieden einsetzten. Eine von ihnen, *Carmen Sylva,* gab der grundsätzlichen Einstellung der Frau Ausdruck mit den Worten: „Jeder Krieg ist Hochverrat an der Kultur und der Menschlichkeit!"

Mit Recht wird darum in der Charta der Vereinten Nationen und in der Zielsetzung der UNESCO klargestellt, „daß die letzte Ursache aller Kriege in der geistigen Haltung der Menschen zu suchen ist und daß darum *ein Friede, der Bestand haben soll, im Geiste der Menschen vorbereitet werden muß.*"

Demgemäß setzen sich nicht nur soziale und politische, sondern auch und oft weit mehr internationale weltanschauliche, geistige und religiöse Organisationen für die Erfüllung der Menschheit mit dem Geist der Friedfertigkeit und des Friedens ein."

Dafür zwei Beispiele statt vieler:

In der Programmschrift der *„Liga für Universale Reli-*

gio": „Geeinte Religionen"*) lautet eine Grundthese der geistigen Aufbauarbeit: „Förderung des Weltfriedens durch Gewaltlosigkeit in Religion und Kultur, Politik und Wirtschaft", was in These 10 einleitend so erläutert wird:

„Die praktische Konsequenz der neuen geistigen Haltung ist die Bejahung des Friedens, die aktive Förderung aller Friedensbestrebungen in der Welt — und zwar des Friedens unter den Konfessionen und Religionen wie unter den Rassen und Nationen — im Geiste der Gewaltlosigkeit und der Toleranz."

Mit Recht wird hier u. a. auf ein Wort des großen chinesischen Lebenslehrers *Tschuang Tse* verwiesen: „Wer Frieden hat mit sich selbst und dem Himmel, der bringt die Welt ins Gleichgewicht." —

Ein zweites Beispiel: In einem Aufruf der „UNOR-Friedenshilfe" an alle Frauen wird die Forderung der Vorsitzenden des Deutsch-Europäischen Frauen- und Mütter-Rats, Edith *Barwich,* unterstrichen:

„Die vereinte Kraft aller Mütter ist der natürliche Gegenpol gegen die sinnlosen und nie endenden Rivalitätskämpfe und -Kriege der Männer. Alle Völker, voran die Mütter und Frauen, wollen dauernden Frieden. Als die Schwächeren und Wehrlosen müssen sie darum alle Friedenswaffen der Frau gegen das lebensfeindliche Kriegspielen der Männer einsetzen und dahin wirken, daß eine echte Friedensgesetzgebung geschaffen wird."

) „Geeinte Religionen — Fundament des Weltfriedens", herausgegeben von Hermann Kissener und K. O. Schmidt (Drei-Eichen-Verlag, München/Engelberg)

Vereint sind auch die Schwachen mächtig und imstande, den Sieg der Mütterlichkeit und des Geistes der Liebe und damit ein friedliches Zusammenleben der Völker im Geiste der Gegenseitigkeit und der Einheit zu sichern.

Schon jetzt ist der Einfluß der Frauen in den Friedensbewegungen unübersehbar. Und er ist in ständigem Wachsen und wird schließlich zu einer Gesinnungswandlung in der Menschheit führen.

Aber dieser endgültige Sieg der Einsicht und Liebe über Haß und Unvernunft wird nur erreicht, wenn die überwiegende Mehrheit der Frauen sich diesen Bewegungen anschließt und sie durch aktive Mitarbeit fördert und stärkt!

Einsichtige Männer haben das seit je erkannt, bejaht und gefordert. Sie alle dachten und denken wie der russische Dichter Maxim *Gorkij:*

„Frauen und Mütter — warum schweigt Ihr! Warum erhebt Ihr nicht vereint Eure machtvolle Stimme gegen die Tollheit, die droht, die ganze Welt in eine Wolke von Gift zu hüllen!

Ihr habt der Welt Buddha und Shakespeare, Edison und Christus, Washington und Voltaire, Tolstoj und Goethe geschenkt. Die Geschichte schuldet tausenden Eurer Söhne Glanz und Ruhm. Warum wollt Ihr dulden, daß der Mensch, den Ihr geboren, zu einer Bestie, einem Mörder erniedrigt wird?

Mütter! Frauen! Ihr habt das Recht, Eure Gesetze durchzusetzen! Das Leben geht und kommt von Euch. Ihr müßt Euch, eine wie die andere, erheben, um das Leben gegen den Tod zu verteidigen!

Ihr seid die Macht, die den Krieggeist und den Krieg überwindet!"

*

Mütter!

Erfüllt Euch mit dem Glauben, der viele große Frauen mit Gertrud von *Le Fort* leitete: „Ich glaube an die Liebe Gottes, ich glaube an den Menschen — *ich glaube selbst im Atom-Zeitalter an den Sieg des Erbarmens!*"

Mütter!

Handelt im Geiste der großen Friedensvorkämpferin Bertha von *Suttner* (1843—1914), die in ihrem berühmten autobiographischen Roman „Die Waffen nieder" kompromißlos für den Frieden eintrat. Sie inspirierte Alfred *Nobel,* dessen Sekretärin sie war, zur Stiftung des Friedens-Nobel-Preises und begründete die Österreichische Gesellschaft der Friedensfreunde.

Mütter!

Hört auf die Mahnung der amerikanischen Friedensfreundin und Begründerin des Weltbundes der Mütter aller Nationen: „Wenn die Frauen der ganzen Welt den Wahnsinn des Krieges nicht erfolgreich bekämpfen und beenden, hat die Frau ihre Aufgabe nicht erfüllt, und der Untergang der Menschheit ist besiegelt. Alle Frauen müssen erkennen, daß Kriege verhindert werden können, wenn *sie* ihn wirklich verhindern wollen!"

Mütter!

Folgt dem Ruf der Leiterin der Bewegung der Bertha-von-Suttner-Freunde, Hanna *Klein-Mikesch:* „Auf Ihr Frauen! Brecht die Ketten! Helft uns, diese Welt zu retten! Aus der Kriege Barbarei reißt die Menschheit, macht sie frei! Setzt Eure ganze Macht der durch den Kriegsgeist und die Rüstung ausgelösten Fehlentwicklung entgegen, die zur Zerstörung unserer Erde und zur Vernichtung allen höheren Lebens führt!

Alle Frauen, Mädchen wie Mütter, sollten sich bewußt sein, daß sie in gleicher Weise wie die Männer zur geistigen Leitung der Menschheit berufen sind und sich um ihren Auftrag nicht länger herumdrücken dürfen. Frauen aller Nationen, Rassen und Religionen, aller Parteien und Berufe — schließt euch den großen Frauenorganisationen wie dem Weltbund der Mütter aller Nationen (WOMAN) an, um aktiv mitzuhelfen, daß durch die wachsende Macht der Mütter das Schicksal der Menschheit in letzter Stunde zum Guten gewendet wird!"

Mütter!

Vergeßt dabei nicht, daß alle Eure Bemühungen um den Frieden nur soweit erfolgreich sind, als Eure innere Welt vom Geist der Güte und Versöhnlichkeit, der Duldsamkeit, Harmonie und Liebe erfüllt ist! Denn die Außenwelt ist das Reich der Wirkungen. Die Welt der Ursachen ist innen.

Mütter!

Durch Euer von der Gesinnung des Friedens getragenes Denken und Handeln leistet Ihr einen entscheidenden Vorausbeitrag zur Befriedung der Familie und der Gemeinde, des Landes und des Staates, der Völker und der Menschheit! Gewöhnt Euch, als souveräne Lebenskünstlerinnen durch Euer Denken und Loben, Lieben und Tun des *Guten* dazu beizutragen, daß der Geist der Mütterlichkeit, der Geist der Einmütigkeit und gegenseitigen Hilfe, der Geist der Einheit sich in der Menschheit durchsetzt!

Die Mütter und die Lebenskunst

Nachdem klargestellt wurde, daß die Frauen ihrem Wesen nach Trägerinnen *mütterlicher Macht* sind, gilt es, zu lernen, diese Macht durch bewußte Aktivierung und weise Lenkung optimal positiv einzusetzen.

Das ist, wie sich zeigen wird, in einem Ausmaß möglich, von dem die meisten Frauen sich keine rechte Vorstellung machen.

Durch planvollen Einsatz bisher schlummernder schöpferischer Potenzen kann jede Frau stärker, erfolgreicher und glücklicher werden — und zu selbständigem Vollmenschentum gelangen.

Den Schlüssel zu solcher Machtentfaltung gibt ihr die moderne *Psychodynamik* (Seelenkraftlehre), deren Praxis hier kurz aufgezeigt wird. Ausführlich ist sie in zahlreichen Lebensbüchern des Verfassers dargelegt. Sie besteht vor allem in der rechten Anwendung der Macht der Gedanken, der Kraft des Glaubens und der Kunst der Bejahung des von ihr Gewünschten.

Die Psychodynamik ist für unser aller Dasein lebenswichtiger als die atomare Dynamik. Mit Recht kann hier von den ‚Atom-Energien der Seele' gesprochen werden als von den psycho-spirituellen Kräften, deren rechter Gebrauch sich allseitig segenbringend auswirkt und *jeder Frau und Mutter ungeahnte Möglichkeiten erfolgreicher Selbstverwirklichung, Durchsetzung und Neugestaltung ihres Lebens eröffnet.*

Die menschliche Kraft ist nicht nur Muskelkraft, sondern weit mehr Seelen- und Geisteskraft. Nur wurde die letztere bisher erst zu einem Bruchteil erkannt und aktiviert. *Jede Frau* muß erkennen und kann erfahren, daß alle Wandlungen im Leben und Schicksal vom Geiste ausgehen und Echo und Folge der Einstellung des Menschen sind,

daß die Verhältnisse Ergebnisse des Verhaltens sind,

daß sie darum, um sich und ihr Leben von Grund auf zu wandeln, ihr Denken, ihre Gesinntheit ändern muß,

daß, wenn sie auf positive Geisteshaltung umschaltet, ihre Lebensumstände sich entsprechend bessern,

daß Glück und Gesundheit, Kraft, Fülle und Erfolg durch rechtes dynamisches Denken und Leben erreicht werden,

und daß auf diesem Wege *jede Frau* zur Selbstverwirklichung und zu einem sinnerfüllten Leben in Harmonie mit ihren Lieben und mit dem Unendlichen gelangen kann.

Einer der Ersten, die die Evolution als geistbedingt erkannten, war der amerikanische Lebensphilosoph Ralph Waldo *Emerson* (1803—82). Ihm folgten Männer wie *Mulford, Trine, Marden,* Frauen wie Elizabeth *Towne,* Myrtle *Fillmore,* Mary *Baker-Eddy* und andere Lehrer dynamischer Weltschau und real-optimistischer Lebenspraxis und geistiger Selbsthilfe.

Sie alle sahen das Universum in aufwärtsführender Evolution begriffen und fühlten, daß der Mensch in besonderem Maße an diesem kosmischen Prozeß teil hat. Sie erkannten, daß alles Leben vom Geiste her psycho-kybernetisch — durch Ideen, durch mentale und spirituelle Impulse — gesteuert und aufwärtsgeleitet wird.

Sie spürten, daß wir in einem *universalen Gedankenozean* leben und daß die allgegenwärtigen Ideen sich in die dafür aufgeschlossenen und empfänglichen Seelen einsenken, um durch sie realisiert zu werden.

Wie entscheidend die Geschichte der Menschheit durch *Ideen* bestimmt wird, erkannte auch *Dostojewskij:* „Weder die Millionen-Massen noch die materiellen Kräfte und Mittel, die doch so fruchtbar und unerschütterlich erscheinen, triumphieren in der Geschichte, auch nicht das Geld, das Schwert oder die Macht, sondern die anfangs kaum bemerkbaren *Gedanken* oft unbedeutend erscheinender Menschen."

Auf dieser Erkenntnis baut die moderne Psychodynamik auf. Sie lehrt und beweist, daß die *Gedanken* lebendige Samenkörner sind, die auf den Ackerboden eines innerlich wachen Wesens warten, in dem sie aufgehen und aufblühen, wachsen und Frucht tragen können.

Gedanken sind es, die einzelne Menschen aus der Masse herausheben und zu geistigen Riesen werden lassen. Dostojewskij sah darum mit Recht in den bedeutenden Persönlichkeiten der Geschichte, den großen Geistern der Menschheit Verkörperungen großer Ideen, die ihre Träger mit übermenschlicher Durchsetzungs- und Verwirklichungskraft erfüllten.

Psychodynamisch gesehen, sind Ideen, Gedanken als geistige Wirklichkeiten *Kraftfelder,* die zwar dem oberflächlichen diskursiven Alltagsdenken unfaßbar bleiben, der meditativen Innenschau aber spür- und faßbar werden.

Wir Menschen sind, aus dieser Sicht, verkörperte Ideen des Geistes des Lebens und als *Lebewesen, die aus dem Wesen leben,* Geistkraftfelder höherer Ordnung, hinter denen als Sender und Lenker der Weltengeist oder ‚kosmische Kybernetes' steht, der die All-Evolution und das Zusammenstreben der Geister zu wachsender Einung führt.

Die Macht der Bejahung

Jede Frau kann aus ihrem Dasein weit mehr machen, als sie bisher vollbracht hat, wenn sie sich von der Wahrheit leiten läßt: *„Durch mein Einssein mit dem Geist des Le-*

bens und mit seiner Hilfe vermag ich alles, was ich gläubig und beharrlich bejahe!"

In der Tat ist nichts in der Welt so mächtig wie dieses schöpferische Selbst- und Gottvertrauen: es ruft die höherführenden Gedanken herbei und entfesselt die Kräfte, die den Fortschritt sichern und Pestalozzi's Wort bestätigen: „Der Menschen geistiges Leben geht langsam von Stufe zu Stufe zu seiner Reifung; aber ihr Wachstum und Fortschritt steht niemals still: sie schreiten, in ewigem Neubeginn, von Erkenntnis zu Erkenntnis, von Liebe zu Liebe."

Dies deshalb, *weil Gedanken wirkende Kräfte sind,* die helfen können, das Leben und Schicksal immer vollkommener zu meistern.

Gedanken sind energetische Mikrowesen, ‚Dynamiden‘, individuelle Kleinstkraftfelder, die durch feinste Kettenreaktionen auf die größeren Wesenskraftfelder der Menschen wie auf den atomaren Aufbau der Grobwelt der Dinge den ihnen vermittelten Impulsen entsprechend umwandeln zu wirken vermögen.

Diese Gedankenwesen umschweben uns ständig, nehmen nach dem Gesetz der Anziehung des Gleichen in uns Wohnung und streben nach ihrer Verwirklichung. Sie verstärken die positiven wie die negativen Tendenzen in uns, weshalb es von entscheidender Bedeutung ist, *welchen* Gedankengästen wir in uns Raum und Herberge geben.

Mütter und Frauen erfassen diese Schöpferkraft der Gedanken und ihre Anwendungsmöglichkeiten oft rascher, bewußter und vollkommener als manche Männer, weil alles Psychisch-Spirituelle ihrem Wesen naheliegt. *Die Denkrichtung der Mütter ist darum für die Lebensrichtung ihrer Angehörigen und für den Ablauf ihres Schicksals mit bestimmend.* Ständige Bejahung ihres Wohlergehens, begleitet von bewußtem Handeln, hat in wachsendem Maße

Wohlergehen zur Folge, weil dadurch positive psycho-ato-mare Schicksals-Kettenreaktionen ausgelöst werden.

Die Frau und Mutter, der es gut geht, hat vorher bejaht und geglaubt, daß es ihr gut gehe. Sie hat dadurch die geistigen Voraussetzungen dafür geschaffen. Je mehr sie von sich und ihrem Leben erwartet, desto Größeres ruft sie hervor.

Dieses vom *Geist der Bejahung* erfüllte Leben ist gegenüber dem der Zweifelnden und Verneinenden immer das stärkere und überlegene. Jeder positive Gedanken- und Glaubensimpuls hilft, negative Trends und Verhältnisse zu überwinden.

Durch weisen Einsatz der Macht der Gedanken und der Kraft des Glaubens können die Frauen und Mütter eine Welle ethischer und geistiger Erneuerung auslösen, die das Gesicht und Geschick nicht nur der Familie und der Gesellschaft, sondern der Menschheit von Grund auf verändern wird.

Denn der Geist ist mächtiger als die Materie.

Beeinflussung der Umwelt

Damit kommen wir zur Praxis, wobei die Grundeinstellung der Umwelt gegenüber die der *Ehrfurcht vor dem Leben* im Sinne Albert Schweitzers sein sollte. Denn in jeder Lebensform ist ein göttlicher Funke, der uns von der Vergangenheit her wahlverwandt sein oder uns in der Zukunft schicksalhaft verbunden sein kann und dessen Reaktionen die Auswirkung der ausgestrahlten positiven Gedanken- und Glaubens-Impulse mit bestimmen.

Was eine Mutter vorwiegend denkt, fühlt und beharrlich bejaht, wirkt nicht nur auf ihr eigenes Wesen und Leben gestaltend ein, sondern auch auf das ihrer Lieben. Selbst die äußeren Verhältnisse erweisen sich schließlich als Echo ihres inneren Verhaltens. So viel Macht hat die Frau, die sich der Mittel und Methoden der Psychodynamik bedient!

Das heißt im einzelnen:

Soweit eine Frau oder Mutter ihr Gemüt von negativen Empfindungen und Vorstellungen frei hält, bleibt auch ihre Umwelt weithin von negativen Erfahrungen frei. Im Grunde ist jede Frau für das, was ihr an Gutem und Ungutem begegnet, selbst die geistige Urheberin oder Auslöserin — durch die Sogkraft ihres gefühlsbetonten Denkens. Wenn ihr in ihrer Umgebung etwas nicht gefällt, gilt es, die Ursachen der Dissonanzen in ihrem eigenen Innern zu ermitteln und durch positive Selbstumschaltung abzustellen.

Alle Begrenzungen sind letztlich Selbstbegrenzungen, die vom innersten Selbst her überwunden werden können. Denn vom Selbst her ist sie frei und allem Äußeren überlegen.

Darum prüfe sie auch, ob das, was sie an anderen bemängelt, ablehnt, haßt, nicht Spiegel und Widerhall eigener Unzulänglichkeiten ist. Schaltet sie um, wird sie bald immer weniger Grund finden, anderen etwas vorzuwerfen. Wohlwollen schafft Einklang und gemeinsames Wohlergehen.

Worauf es ankommt, hat Helen *Keller* ausgesprochen:

„Nicht die Umgebung bestimmt den Menschen, sondern umgekehrt. Die Blinden und Tauben und selbst die ärmsten Menschen mit gesunden, positiven Idealen beweisen es: *Man kann sein Leben so gestalten, daß man dabei dem Ziel seiner Wünsche näherkommt* — gleichgültig, unter welchen äußeren Umständen man leben muß . . .“

Helen Keller als Blinde und Taubstumme hat es demonstriert. Unzählige andere Frauen haben es, wie wir sahen, gleich ihr bewiesen. Und was diese vermochten, das kann *jede Frau* auf ihre Weise und in ihrer Umwelt erreichen.

Je harmonischer, gütiger, liebevoller sie denkt, spricht und handelt, desto harmonischer und beglückender wird ihre Umwelt, deren Achtung sie in eben dem Maße gewinnt, wie sie ihr Aufmerksamkeit, liebevolles Verständnis, Zuvorkommenheit und Hilfsbereitschaft entgegenbringt.

Die positiven Gedanken, für die sie sich zum Resonanzboden und Sender macht, wird sie auch in anderen ansprechen und zum Wirken bringen.

Ihre *Mütterlichkeit* stellt die Frau in besonderem Maße vor die Aufgabe, das Zusammenleben freudenvoller zu gestalten. Das liegt in ihrer Natur, wie *Rückert* es verdeutlicht:

> „*Frauen* sind genannt vom *Freuen*,
> weil sich freuen kann kein Mann
> ohn' ein Weib, das stets von neuem
> Seel' und Leib erfreuen kann.
> Wohlgefraut ist wohlgefreuet,
> ungefreut ist ungefraut;
> wer der Frauen Auge scheuet,
> hat die Freude nie geschaut."

Was sie nicht durch Widerstand und Gewalt zum Weichen zu bringen vermag, kann die Frau durch beharrliche Bejahung des Guten besiegen. Sie kann es *hinaus-lieben* und so Übles in Gutes umwandeln, ebenso durch weises *Nicht-Widerstehen.* „Das ist der Frauen feine Kunst, daß sie, den Kampf ablehnend, dennoch siegen", nämlich dann, wenn sie Widerstand durch Bejahung des Positiven im Andern und durch Denken und Tun des Guten ersetzt.

Weil sie nur Gutes erwartet, empfängt sie nach dem Gesetz der Gegenseitigkeit mehr Gutes als Unerfreuliches. Ja, sie kann einen Feind in einen Freund verwandeln — oder bewirken, daß er von selbst aus ihrem Umkreis und Leben entschwindet.

Positiv gestimmte Mütter sind die berufenen Bessermacherinnen und Neugestalterinnen. Für sie ist jede Situation nur Rohstoff, aus dem sie jeweils das Bestmögliche zu machen wissen.

Einer, der die Methoden der Psychodynamik gerade den Frauen zu vermitteln suchte, war der amerikanische Lebenslehrer Orison Swett *Marden* (1850—1924), auf dessen Gedanken hier kurz zusammenfassend eingegangen sei:

Marden und das neue Frauentum

In seinem um die Jahrhundertwende erschienenen Buch „Woman and Home" (Frau und Heim) weist Marden Wege zur Befreiung der Frau von der Fron der Alltagsarbeit und zur Entfaltung ihrer schöpferischen Potenzen. Wir leben, sagt er, „heute in einer Zeit der Wandlung aller Werte und Wertungen, auch der Wertung der Frau und ihrer Stellung im Leben und in der Gemeinschaft. Mehr und mehr zeigt sich, daß es keinen Bereich gibt, in dem die Frau nicht die gleichen Aufgaben zu meistern vermag wie der Mann. Die Zunahme der arbeitsparenden Haushaltsgeräte befreit sie von der Mühe bei der Hausarbeit und ermöglicht ihr die Aktivierung bisher geduckter, unterdrückter und verkümmerter Kräfte und Fähigkeiten, die sich nur in *Freiheit* entfalten."

Er zitiert den englischen Dramatiker Alfred *Sutro:* „Zum ersten Male im Lauf der Zeitalter beginnt die Frau ihre eigene Individualität zu entdecken" und, fügt Marden hinzu, „ihre Sendung in der Kulturwelt zu erkennen und zu erfüllen. Sie hat gelernt, *selbst zu denken*, und damit begonnen, ihrer *Macht* bewußt zu werden. Sie hat mutig die neuen Möglichkeiten und Aufgaben, die ihr auf der Bahn des neuen Geistes winken, ins Auge gefaßt und den Anfang damit gemacht, sich selbst die Pforten in die Freiheit zu öffnen und ihren Platz an der Spitze der Kultur einzunehmen ...

... Die Frau ist dabei, eine Welt zu schaffen, an der Mann und Frau den gleichen Anteil haben, in der keiner den anderen beherrscht oder unterdrückt, sondern in der der höchstmögliche Typus Mensch zur Entfaltung und Reife gelangt ...

... Wo immer das eine Geschlecht *ohne* das andere das Schicksal zu gestalten suchte und sich nur auf *einem* Bein hinkend fortbewegte, ist es schief gegangen. Das einzelne Wesen für sich, einerlei, ob männlich oder weiblich, ist nur ein halber Mensch. Das männliche Gehirn besitzt nur die Hälfte der das Vollmenschentum kennzeichnenden Eigenschaften und Fähigkeiten. Das feiner geartete weibliche Gehirn und ihr Herzdenken müssen hier die Ergänzung bilden, wenn die Menschheit als Ganzes fortschreiten soll ...

... Die Frau ergänzt den Mann durch ihr zuverlässigeres Getast und Gespür für das Rechte, das Lebensgemäße, das Nahende und Kommende. Wie oft haben Männer zugeben müssen: ‚Hätte ich den Rat meiner Frau befolgt, wäre ich nicht in diese mißliche Lage geraten.‘ ...

... Frauen sind bessere Beurteiler der Motive und Fähigkeiten anderer Menschen, geschicktere Diplomaten und geborene Führerinnen der Männer im besten Sinne dieses Wortes. Sie haben zu begreifen begonnen, daß geniales Schöpfertum und höchste Leistungen kein Vorrecht der Männer sind, sondern daß die Frauen ebenso kreativ sein können. Sie haben es immer wieder dort bewiesen, wo sie den nötigen Spielraum für die Entfaltung ihrer gottgeschenkten Gaben fanden oder sich schufen, während andererseits Frauen, die sich als Wurm fühlten, auch nur als Wurm behandelt wurden ...

... Wie wenig aber wird all das heute noch etwa bei der *Eheschließung* beachtet! Was würden wir von einem Manne denken, der sich auf eine momentane Stimmung hin an einen Geschäftspartner bindet und Gefahr läuft, schon bald seinen dummen Streich bedauern zu müssen? Nicht weniger gedankenlos ist die Art, wie viele junge Menschen sich beim ersten Zusammentreffen durch den bloßen Sinnenreiz aneinander binden. Nach einem Jahr schwindet der Zauber, der anfänglichen Zuneigung folgt Gleichgültigkeit, dieser Abneigung und schließlich Trennung. Beide hatten für Liebe gehalten, was nur sinnliche Lockung war. Sie hatten versäumt, auf die seelisch-geistige Wahlverwandtschaft zu achten — und so nicht nur sich selber, sondern auch ihrem Partner die Zukunft verdorben ...

... Die echte Ehe ist eine Verbündung und Verschmelzung gleichgestimmter Seelen, die nicht nur leiblich, sondern auch geistig zueinander fanden und schicksalhaft zusammengehören.

... Aufgabe der Mütter ist es hier, die junge Generation dahin zu erziehen und zu bilden, daß sie selbst die rechte Wahl zu treffen imstande ist.

... Für die Aufzucht und Veredelung der Nutztiere gibt man große Summen aus, aber wo es um die Veredelung der Menschen geht, wurde bisher fast alles dem Zufall überlassen. Die Folge ist fortschreitende Degeneration, wenn nicht die *Mütter* auch hier bewußt für die Regeneration sorgen.

... Diese Sorge beginnt nicht erst mit der Geburt der Kinder, sondern schon vorher: von der Zeugung an und während der Schwangerschaft. Die Mütter können durch bewußte positive Einwirkung schon auf das werdende Kind mehr für die Veredelung der Rasse tun als der Staat mit all seinen nachträglichen erzieherischen Maßnahmen . . .

. . . Die Mütter können und werden dafür sorgen, daß es in Zukunft einen *neuen Geburts-Adel* geben wird. Man wird dann die Mutterschaft und die Mütterlichkeit als die höchste und edelste Aufgabe des Menschen achten und Vollmenschen ins Dasein rufen, die mit Recht auf ihre Eltern stolz sein können.

. . . Die *neue Frau*, um die es hier geht, muß darum den höchstmöglichen Grad an Selbstvertrauen und Selbständigkeit erstreben und erreichen. Sie muß bereit sein, verantwortungsbewußte Führerinnen-Rollen zu übernehmen und ihre reichen Gaben für die große Aufgabe der Besserung der ethischen und sozialen Zustände einsetzen lernen.

. . . *Jede Frau hat ihre besondere Begabung.* Sie muß sie nur erkennen und dann unerschrocken an ihre Entfaltung und Anwendung gehen, um Einmaliges zu leisten. Das Wohl und die Zukunft der Menschheit hängt davon ab, daß sie in allen Belangen der Gemeinschaft, auch der Regierung und Verwaltung, den Mann nicht ersetzt, aber ergänzt!

Für die Frau gilt nicht minder als für den Mann meine These: Wer denkt, er kann, der kann!*) Je mehr die berufliche Spezialisierung fortschreitet, desto mehr Möglichkeiten und Aussichten eröffnen sich der erfolgbejahenden Frau. Es gibt keinen Beruf, in den sie nicht eine neue Note und einen neuen Geist des Fortschritts und Erfolgs hineintragen kann.

. . . Einmaliges vermag die Frau mit ihrem feineren Gespür für das Rechte auf dem Gebiet der Erziehung und der sozialen Fürsorge zu leisten, ebenso auf den Gebieten der Lebensberatung, der Seelsorge, der Heilkunde, nicht minder

---

*) Siehe hierzu mein gleichnamiges *Marden*-Brevier: „*Wer denkt, er kann, der kann!* Wie man erlangt, was man ersehnt." (Helmut Theodor Frick-Verlag, Pforzheim)

aber im Bereich der Verwaltung, in die sie den dort fehlenden Geist mütterlicher Menschlichkeit hineinzutragen vermag."

Soweit *Marden*. Seine Anregungen schließen in keiner Weise aus, daß die Frau nach wie vor die Hüterin des Heims und der Geborgenheit bleibt. Sie wird immer der Mittelpunkt einer glücklichen Familie sein und — für den Mann — der ruhende Pol in der Erscheinungen Flucht.

Er wird nicht mehr in die Ferne schweifen, weil er weiß, daß das Gute nah und das Beste allezeit am häuslichen Herd zugegen ist. Die Mütterlichkeit ist es, die ein Heim zum Hort alles Guten macht — zur Stätte gegenseitiger Beglückung, Bereicherung und Höherführung.

Die positive Frau

Mardens Worte sind ein Ruf an die Frau, im Bewußtsein ihrer Verantwortung für die kommenden Generationen die *Macht der Mütterlichkeit* allseitig positiv zu entfalten und einzusetzen und sich dabei ständig das Idealbild der positiven Frau vor Augen zu halten.

Versuchen wir, dieses Bild in einigen wesentlichen Zügen zu umreißen:

Die positive Frau bewahrt in allen Situationen ihre Individualität und ihre geistige Selbständigkeit und Unabhängigkeit. Sie bejaht sich selbst als von Gott so gewollt und als unentbehrlich für das Ganze. Und sie ist bereit, ihren jeweils einmaligen Beitrag zum Wohl des Ganzen zu leisten.

Sie erkennt sich selbst als die Gesetzgeberin ihres Lebens und ihrer Umwelt. Sie weiß, daß niemand mehr für sie tun kann, als sie selbst es kann und tut. Sie ist immer die Gebende, und sie bewirkt, daß ihre positive geistige Atmosphäre auch ihre Umwelt mit höherführenden Impulsen und Tendenzen erfüllt.

Die positive Frau fühlt sich als sonnenhaft strahlenden Mittelpunkt jedes Kreises, in den sie tritt und in dem sie wirkt, als Spenderin wie als Magneten alles Guten und Förderlichen. Das gilt auch für das eigene Gesundsein wie für das ihrer Lieben, die sie durch gläubige Bejahung herbeiführt und sichert.

Sie läßt sich bei allem, was sie erstrebt und tut, vom *Geist der Liebe* leiten. Sie ist darum tolerant, für alles aufgeschlossen und immer bereit, ihr Wissen und Können zu erweitern, anderen helfend beizustehen und durch ihre Liebe das gemeinsame Glücksvermögen zu mehren.

Sie weiß, daß sie immer das herbeizieht und empfängt, was sie vorwiegend denkt und geistig ausstrahlt. Ichhaft denkend, wird sie überall auf Egoisten stoßen; Freude bejahend und ausstrahlend, wird sie von überall her Freude empfangen.

Sie weiß, daß der Quellgrund von allem, was ihr begegnet, in ihrem eigenen Innern liegt. Sie fühlt sich berufen und gerufen, überall das Gute als das ihr Gemäße zu bejahen, zu tun und in Erscheinung zu rufen — im Gewißsein, daß sie dadurch im gleichen Maße Ungutes unwirksam macht.

Sie sieht an allen und in allem die lichte, positive, sonnigheitere Seite und bewirkt dadurch, daß auch die Wesen und Dinge um sie herum ihr ihre freundliche Seite zukehren. Sie weiß, daß der innerste Kern jedes Menschen gut, weil göttlich ist, und richtet darum ihr Denken, Fühlen und Handeln bewußt auf diesen Wesenskern, damit er immer stärker hervortritt.

Die positive Frau siegt durch Nicht-Widerstehen dem Unguten gegenüber, durch bereitwilliges Vergeben, Verzeihen, Vergessen und durch ein Handeln, das stets auf die Verwirklichung des Guten gerichtet ist. Dazu geht sie oft in die Stille, um Kraft von innen zu empfangen und ihre mütterliche Macht zu steigern.

Allabendlich entspannt sie sich und schläft mit einer Bejahung des neuen Tages — den sie im Geiste vorprogrammiert hat — ein, um so jeden neuen Tag zu einem guten Tag der Freude und Beglückung vorauszugestalten.

Wie die Entspannung meistert sie auch die Konzentration und Meditation. Infolgedessen vollbringt sie in kürzerer Zeit doppelt so viel wie andere. Was sie tut, tut sie jeweils bewußt und ganz — mit Leib, Seele und Geist. So erfüllt sie jedes Werk mit Lichtheit und Leichtigkeit und mit dem Geist der Freude und des Gelingens.*)

Bei alledem bleibt die positive Frau stets der Wahrheit bewußt, daß sie immer das ist, wird und erfährt, was sie denkt, was sie von sich·denkt. Und sie weiß, daß sie auch das wird, was sie von anderen denkt. Deshalb denkt sie gut von den anderen wie von sich selbst und spricht nur das aus, was sie verwirklicht wünscht.

Sie ist gewiß, daß dort, wo sie steht, der rechte Platz ist, aus dem sie durch ihr sieghaftes *JA* das Bestmögliche macht. Was sie von anderen getan wünscht, tut sie diesen zuerst. Sie segnet alles, was sie umgibt, als Quell wachsender

---

*) Positive Anleitungen zu einem harmonischen, weisheitsvollen und glücklichen Leben sind in zahlreichen Lebensbüchern gegeben wie in „Mehr Macht über Leib und Leben", „Dynamisierung — der Schlüssel zum Glück", in „Du bist begabter, als du ahnst!", „Wunder der Willenskraft", „Lebe bewußt!", „Sei du selbst!", „In Harmonie mit dem Schicksal", „Das Geheimnis der Inspiration" und — als umfassender Jahresplan erfolgreicher Selbst- und Lebensmeisterung — in dem dreibändigen Lehrbuch „Neue Lebensschule" sowie in anderen aus jahrzehntelanger Lebensberatungspraxis hervorgegangenen Werken des Verfassers.

Freude für alle. *Und jederzeit und bei allen bejaht sie ihr immerwährendes Einssein mit den göttlich-guten Mächten in der Welt und mit dem Unendlichen Geist des Guten.*

Mann und Frau

Das heutige Denken, sagt der Grals-Dichter Manfred *Kyber*, „ist weithin intellektuell und materialistisch, nicht spirituell. Infolgedessen ist der Mensch ein Wesen geworden, das nicht nur gegen sich selbst wütet, sondern allem Lebendigen, Menschen, Tieren und Pflanzen und der ganzen Natur, Verderben und Untergang bereitet. Sein Denken ist untermenschlich. Seine ‚Kultur‘ ist eine vom entgeisteten Verstand geschaffene Scheinkultur, fern von wahrer Geistigkeit und Menschlichkeit — Produkt der Spekulation ohne Intuition . . .

. . . Menschheitsfragen löst kein Verstand, sondern allein das *Ewig-Menschliche in uns.* Zweifellos ist es töricht, anzunehmen, daß sich die verworrenen Zustände unserer heutigen Zivilisation mit einem Schlage ändern lassen; aber was sich ändern kann und muß, ist die Gesinnung des einzelnen Menschen. Sein Ja oder Nein zum Menschentum und zur *Menschlichkeit* bestimmt das Schicksal der Welt."

Es bestimmt auch das Schicksal der einzelnen Familie, der Ehe und des Ergehen der Kinder. Und hier ist es vornehmlich Aufgabe der *Frauen und Mütter,* veredelnd und emporziehend zu wirken. Die Wandlung zum Guten muß entscheidend von ihnen ausgehen und gefördert werden.

Das gilt auch für die Wertung des Verhältnisses von Mann und Frau, das nicht nur von außen, vom Geschlechtlichen, sondern mehr noch von innen, von der seelisch-geistigen Warte aus in seiner überpersönlichen, transzendentalen Wirklichkeit gesehen werden muß.

In der biblischen Schöpfungsgeschichte heißt es, daß Gott den Mann schuf, aber fand, daß er unvollkommen sei, daß ihm etwas fehle. Darum gab Gott ihm die Gefährtin, daß sie ihn ergänze und ihm bei der Meisterung des Lebens zur Seite stehe als sein anderes Selbst.

In diesem Sinne soll die *Ehe* eine vom Geist der Einheit geleitete *Partnerschaft* sein, in welcher der Mann mit seiner Neigung zum analytischen Denken, zum Zergliedern, das rationale, intellektuelle Element verkörpert, die Frau mit ihrer Tendenz zur synthetischen Schau der tieferen Zusammenhänge das irrationale, spirituelle, einende Element:

Der *Geist der Mütterlichkeit* soll, wie *C. G. Jung* sagt, „für den Mann eine Quelle der Information sein in Dingen, für die er kein Auge hat. Sie kann ihm Inspiration bedeuten; ihr dem Männlichen oft überlegenes Ahnungsvermögen kann ihm nützliche Winke und Warnungen geben."

Je mehr ein Ehepartner nicht nur Verkörperung eines Teils oder Wesenspols, sondern mehr oder minder Träger der gesamten Bio-Polarität ist, desto sicherer vermag er eine harmonische Ehe zu begründen und zu sichern. Das meint der Mystiker, J. F. Finck, mit seinem Wort:

„Verehr' in deinem Weib die Mutter noch einmal,
nur dann ist ihre Lieb' der Jugend Widerhall,"
dann wird die geistige Gemeinsamkeit zur Kraftquelle für beide Partner, zum Ansporn gegenseitiger Selbstverwirklichung und zum Garanten der *Freiheit* für beide.

Wie kommt es, daß nach internationalen Statistiken die Hälfte aller Ehepaare in der Welt einander entfremdet sind und in die Gefahr der Trennung geraten? Und dies, obwohl bekannt ist, daß, wer mit seinem Partner nicht harmonierte, in der Regel auch mit anderen Partnern nicht zur Übereinstimmung findet — weil er eine falsche Einstellung zur Ehe, zum kameradschaftlichen Zusammenleben und Zusammenwirken und — vor allem — zur Freiheit hat und darum die Ehe als Fessel empfindet.

Freiheit ist etwas, was man immer nur in dem Maße be-

anspruchen kann, in welchem man sie dem Partner ein-
räumt.

Das ichsüchtige Besitzen- und Beherrschenwollen, das die
Ehe zu einer lästigen Zwangsverbindung erniedrigt, bewirkt, daß der Himmel in der Ehe geschlossen wird, auch
dann, wenn die Ehe vermeintlich im Himmel geschlossen
wurde ... Im eifersüchtigen Festhaltenwollen verlieren
beide den inneren Halt und damit das, was sie eint und
höherführt.

Wandlungskraft der Frau

Rechter Umgang mit dem Partner heißt nicht, daß man
um ihn herumgeht und ihm aus dem Wege geht. Jede Ab-
wehrhaltung ist, psychodynamisch gesehen, Flucht vor sich
selbst und Selbstschwächung. Sie führt dazu, daß „ganz
unglücklich wird, wer jeden Umgang haßt und, auf sich
selbst beschränkt, auch zu sich selbst nicht paßt", wie
Rückert sagt.

Auch die ‚Wie-du-mir-so-ich-dir-Haltung' schafft nur zu-
sätzliches Leid für beide.

Zu Mißhelligkeiten gehören aber immer zwei; und wenn
der eine Partner sich innerlich frei hält und statt mit Ge-
reiztheit und Ärger mit Liebe und Gelassenheit antwortet,
setzt sich die positive Kraft früher oder später durch. Und
auch hier eignet den Frauen und Müttern die größere
Wandlungskraft.

„Und wenn er zum ständigen Nörgeln und und Hadern
neigt?"

Dann entlasse das, was er sagt, in den Abgrund des
Schweigens, aus dem es nicht mehr heraufsteigt. Schweige,
verzeihe und bejahe das Gute! heißt der Schlüssel der Wandlung.

Widerspruch löst nur neuen Widerstand aus. Gelassenes Schweigen und liebevolles Lächeln spült das Negative hinweg. Bei Meinungsverschiedenheiten bewirkt das Stillesein mühelos, was die Zunge nicht erreicht.

Stillesein bedeutet, daß man sich oft nach innen wendet und in der Stille des Innern liebevoll das Gute im Partner bejaht, um die Wandlung zum Bessern einzuleiten. Dazu komme geistige und körperliche Selbstpflege, die bewirkt, daß Hinneigung und Liebe des Partners sich wieder einstellt, daß er sein Heim heimeliger findet als jeden anderen Ort und die Partnerin als Hort der Mütterlichkeit schätzt.

Auf eine Formel gebracht: *Sei du selbst* und bejahe alles als gut oder als Wendung zum Bessern! Bejahe dich als Gewinner und strahle dieses sieghafte Gewißsein aus!

Was Tränen und Argumente, Widerstand und Drohungen nicht ändern, das wandelt die Umschaltung der eigenen Einstellung und Haltung zum Positiven, getragen von Duldsamkeit und dem Willen zum Tun des Guten. Liebevolles Einheitsbewußtsein löst Zuneigung und Liebe aus.

„Und wenn der Partner auf Abwege geraten ist?"

Auch dann kann die Wandlungskraft der Frau weit mehr bewirken, als sie ahnt. Wer sich unbeirrt vom Geist der Liebe und Weisheit leiten läßt, bleibt schließlich der Überlegene, wie die Lebensberatungspraxis immer wieder gezeigt hat:

Da waren Frauen, deren Männer Trunkenbolde oder Rauschmittelsüchtige, Tyrannen oder Fremdgänger waren. Solange sie ihnen deshalb grollten, sie verabscheuten oder haßten, bewirkten sie, daß nicht nur die Lage, sondern auch ihr Aussehen und ihre Gesundheit sich infolge leib-seelischer Selbstvergiftung verschlechterten, bis sie nicht mehr ein und aus wußten ...

... Sie erkannten nicht, daß das negative Bild, das sie

tagein tagaus von ihrem Partner in sich trugen, die Disharmonie und Not vertiefte und ihr eigenes Wesen verhäßlichte.

Mit den Methoden der Psychodynamik vertraut gemacht, wandelten sie in oft relativ kurzer Zeit durch die innere Umschaltung auf gegenteilige positive Vorstellungen und Bejahungen des Guten sowohl sich als ihren Partner.

Als erstes lernten sie, *sich selbst* als harmonisch, duldsam, ausgeglichen, zufrieden, gutgelaunt, glücklich und liebevoll zu bejahen. Danach begannen sie, das Idealbild ihres Partners in sich zu errichten und ihn so zu sehen, wie sie ihn vor der Heirat liebten — mit lauter guten Eigenschaften.

Die weitere Folge war, daß durch ihre ständige positive Gedankenstrahlung und ihr dadurch bestimmtes verändertes Fühlen, Verhalten und Tun auch bei ihren Partnern eine allmähliche Umstimmung und Umstellung eintrat und diese sich dem Bilde näherten, das sie beharrlich in sich trugen und allen Rückfällen zum Trotz unerschütterlich festhielten, bis die äußere Wirklichkeit dem inneren Bild entsprach.

Sie bejahten, daß ihre Partner ihnen ebenso innig zugetan seien wie zu Beginn ihrer Ehe. Sie zeigten ihnen ohne Worte — durch ihr Verhalten —, daß sie ihre Partner achten, verehren, bejahen und lieben. Schließlich kam diese neue positive Haltung auch in ihren Worten zum Ausdruck, was wiederum ihren Partnern half, der empfundenen inneren Wandlung noch williger nachzugeben. Dabei blickten sie nicht auf die äußere Erscheinung, sondern auf den göttlichen Funken in ihren Partnern, der ihr Wollen und Handeln lenkt.

Am Ende konnten sie beglückt feststellen, wie ihr unerschütterlicher Glaube an das Gute allmählich die ersehnte Wandlung herbeiführte. Und dies wiederum veranlaßte sie in wachsendem Maße zu Worten der Anerkennung, des Lobes oder gar der Bewunderung, die die bejahten positiven Tendenzen noch stärker aktivieren.

Letztlich wird ein Partner am leichtesten das, was die Frau im Geiste ständig in ihm sieht und beharrlich bejaht.

*

Das über die Wandlungskraft der Frau in Heim und Ehe Gesagte gilt entsprechend auch nach außen hin.

Das planvolle Streben und Schaffen des Mannes erfährt durch ihre liebevolle Bejahung eine erhöhte Durchsetzungskraft. Mann und Frau sind dann wie zwei Hände, die zusammen mehr fassen und schaffen als eine Hand allein. Und je besser diese Zusammenarbeit vom Geiste her koordiniert wird, je inniger Aktivität und Inspiration sich verbünden, desto rascher wachsen die Erfolgs-Chancen.

Ihr Instinkt und ihre Inspirationen befähigen ihn, Außergewöhnliches zu wagen und zu vollbringen und über sich selbst hinauszuwachsen.

Das gilt natürlich umgekehrt genau so für die Frau, die infolge der liebevollen Bejahung durch ihren Partner zur volleren Entfaltung und Betätigung ihrer positiven Kräfte und Talente gelangt.

Der Glaube des einen Partners an den anderen wandelt Furcht in Vertrauen, Müdigkeit in Frische, Schwäche in Kraft und Mängel in Vorzüge. Jeder kann so dem anderen durch Bejahung und inneren Zuspruch mehr Mut und Gesundheit, Tüchtigkeit und Erfolgskraft geben. In Gebet und Meditation kann das weiter vertieft werden. Beide können auch miteinander vereinbaren, daß sie zu bestimmten Zeiten sich gedanklich miteinander verbinden und sich Kraft zustrahlen. In Amerika findet diese dynamische Bejahung des andern als ,mental treatment' bereits mannigfache Anwendung.

All das setzt auf beiden Seiten die Gesinnung der *Golde-nen Regel* dahingehend voraus, daß jeder Partner das, was er vom anderen oder von einem Dritten getan wünscht, diesem zuerst erweist.

Statt bei einem Partner Geborgenheit zu suchen, wird die positive Frau sie ihm zuerst geben und ihm Heimat im höchsten Sinne des Wortes sein. Um so mehr Grund zum Danken wird sie im weiteren finden. Er wird ihre Mütterlichkeit anerkennen und sich willig von ihr beraten, von ihrer Sanftmut und Liebe leiten lassen.

Diese beiderseitige Geborgenheit entspricht jener, die der Gläubige in einer religiösen Gemeinschaft oder in der Kirche findet. Aus dieser Geborgenheit erwächst eine neue tiefere Gemeinsamkeit und Einheit, die zugleich Freiheit von innen her bedeutet.

Anima und animus

Nach der biblischen Schöpfungsgeschichte war Adam ursprünglich — wie die Engel — *androgyn*, d. h. Mann und Weib in einem. Aber selbst im heutigen Zustand der Gespaltenheit wirkt sich noch in jedem Manne eine weibliche und in jeder Frau eine männliche Potenz mehr oder minder stark aus.

Der Schweizer Tiefenpsychologe Carl Gustav *Jung* nannte diesen unbewußten Gegen-Pol im Manne die ,*anima*' und den männlichen im Weibe den ,*animus*'. Er stellte fest, daß in beiden jene Sehnsucht nach der verlorengegangenen *Einheit* lebendig geblieben ist, die im Verlangen der Geschlechter zueinander nur begrenzt Erfüllung findet. Und auch dies nur insoweit, als der Mann in der Frau die Verkörperung des in ihm lebendigen Bildes seiner ,weiblichen Seelenhälfte' spürt oder sieht.

Da, wie Jung weiter feststellt, das männliche Bewußtsein hauptsächlich nach außen blickt, liegen die inneren Dinge für ihn weithin im Dunkeln. Sicherheit dagegen sucht er unbewußt bei der Mutter — im Machtbereich der Mütterlichkeit, der anima. Sein Ehe-Ideal sieht er erfüllt, wenn seine Frau gewissermaßen die magische Mutter-Rolle übernimmt.

Den gleichen Platz nimmt im Unbewußten der Frau als kompensierende Figur männlichen Charakters der ‚animus‘ ein.

Diese psychische Doppelgeschlechtlichkeit macht deutlich, wie der Mensch in seinem Allerinnersten beschaffen ist. Eben deswegen kann der Mann sich in der Stille des Innern, in der meditativ-kontemplativen Selbst-Besinnung, von seiner ‚anima‘ beraten und leiten lassen, und gleicherweise die Frau vom ‚animus‘.

Die Erkenntnis der *Bipolarität des inneren Menschen* ist nicht neu.

Sie wurde schon in vorgeschichtlicher Zeit von den *Völkern des Nordens* als Glaube an den ursprünglich mannweiblichen Charakter des Menschen bejaht: der Mensch war *vor* der Spaltung in Mann und Weib ein doppelgeschlechtiges Wesen gleich der Natur, die ohne Erzeuger das Lebendige aus sich selbst hervorruft. Der Ur-Riese *Ymir* war noch zweigeschlechtig wie ähnlich die spätere griechische Gottheit Hermaphroditos.

Heute spricht man von Hermaphroditismus (Zwitterhaftigkeit, wie sie noch bei vielen Pflanzen, einigen ihnen nahestehenden Tierarten und Fischen, beim Menschen hingegen nur noch vereinzelt als Pseudo-Hermaphroditismus vorkommt) als einem seltenen Rückfall in der biologischen Entwicklung.

Die innere Zwiegeschlechtigkeit des Menschenwesens wurde seit Jahrtausenden auch in China — hier unter anderem im altchinesischen Weisheitsbuch „I Ging" gelehrt als die Einheit von *Yin* und *Yang*, die bildlich treffend so darge-stellt wird:

Yin und Yang sind Personifikationen der im ganzen Uni-versum vorhandenen bi-polaren Strömungen, Strahlungen und Strebungen, wobei jedoch jede der beiden fundamen-talen Potenzen den Keim der gegenpoligen Kraft in sich trägt. In jeder Lebensform, jeder Verkörperung eines Geist-wesens sind beide in wechselnder Stärke vorhanden, wes-halb beim Menschen im Lauf der Inkarnationen bald die männliche, bald die weibliche Körperform gewählt wird. Aber beide sind Aspekte der gleichen einen Kraft.

Yin ist der weibliche, passive, ruhende, ‚dunkle', irratio-nale Pol des Menschenwesens: die Kraft der Zusammenzie-hung, der Implosion. Sie entspricht dem Wasser und der aufnehmenden Kraft der Erde.

Yang ist der männliche, aktive, bewegte, ‚lichte', ratio-nale ‚Pol' des Menschenwesens: die Kraft der Ausdehnung, der Explosion. Er entspricht dem Feuer und der schöpferi-schen Kraft des Himmels.

Beide sind kosmische Potenzen, die letztlich nach der Ein-heit im Tao streben.

Diese Doppel-Kraft kommt, wie im Menschen und in der ganzen Natur, auch in den Gedanken zum Ausdruck. Und je nach der Ladung der Gedanken entfesselt der Mensch ihre und damit zugleich seine eigene positive oder negative Wirk- und Strahlkraft.

Sensitive Naturen — und hier vor allem die Mütter und Frauen — spüren das verborgene Kräftespiel von Yin und Yang und können sich deren Potenzen und Tendenzen durch rechtes Denken und Bejahen mehr oder minder dienstbar machen.

Auf diese Zusammenhänge und die Kosmologie und Anthropologie der altchinesischen Mystik wies schon *Lao Tse* im 42. Spruch des „Tao-Teh-King" hin, den ich in meinem Kommentar wie folgt erläuterte:*)

„Aus *TAO*, dem Absoluten, der Weltengottheit, ging der *Eine* hervor: Gott, der schöpferische Urwille. „Er zeugte die Zwei": *Yang* und *Yin,* die himmlische und die irdische, die helle und dunkle, die gestaltende und die empfangende Kraft. „Zwei schuf Drei": *Khi* die Seele, den göttlichen Odem oder Lebensgeist als den Mittler zwischen Geist und Materie. „Aus Drei erfloß die Vielzahl der Wesen": und jedes dieser Wesen, dieser Lebensformen ist wiederum Träger der Bi-Polarität oder Trinität: außen ist es Leben, Atem, Bewegung; innen ist es Seele, Geist; und im Innersten: das unbewegte Absolute, das ruhende Sein selbst, Tao. Jegliches Geschöpf ist außen Erde und wird wieder zu Erde. Innen ist es Sonne, Licht. Im Erwachen der Seele werden beide eins, mit dem Ursprung und Urlicht geeint."

Um diese *innere Einung* geht es.

Je weiter man auf dem Wege meditativer Selbstbesinnung nach innen schreitet und sich selbst nahekommt, desto deutlicher erkennt man sich zuerst als ‚androgyn' und schließlich als Individualität: als unteilbare geistige Einheit.

Aus diesem Grunde wird beim zu sich selber erwachen-

---

*) Siehe dazu den „*Tao-Teh-King.* Weg-Weisung zur Wirklichkeit". (Drei-Eichen-Verlag, München/Engelberg)

den *genialen Menschen* — einerlei, ob Mann oder Frau — der ergänzende innere Gegenpol mehr oder minder aktiv und schöpferisch wirksam: beim Manne als kontemplative inspirierende Kraft der Intuition, bei der Frau als vornehmlich nach außen wirksam werdende Gestaltungs- und Tatkraft.

Aus dem gleichen Grunde neigen geniale Männer oft stärker zu aktiven Frauen, geniale Frauen mehr zu kontemplativen Männern.

Die individuelle Eigenart wird dabei zu lebendigerer Bewußtheit und Entfaltung gelangen, wobei im glücklichsten Falle beide Partner bewußt gemeinsam den Weg zur Vollendung gehen und eine höhere Einheit bilden.

Beide werden sich dann mehr oder minder aus der erdgebundenen Geschlechtlichkeit lösen und das, was den Menschen sonst beherrscht, sublimieren, meistern und in Genialität oder bis zum Gipfeltum kosmischer Bewußtheit transmutieren. Das meint der Mystiker, *J. F. Finck:*

„Es muß das Zwiegeschlecht aus dem Bewußtsein schwinden,
willst du dich als das Kind der Gottheit wiederfinden."

Der völlig zu sich selbst Erwachte wird zum Einer der Gegensätze von Yin und Yang und damit zum ‚Herrn des Kreislaufs der Wiederkehr', zu einem Selbst- und Gott-Geeinten, der — sei es in dieser oder in seiner nächsten Inkarnation — den göttlich-genialen Kern seines Wesens zu höchster Entfaltung und Blüte bringt.

Zu allen Zeiten gab es Menschen, die zu solcher Wesenseinheit gelangten: die Mystiker und Mystikerinnen, die großen Geister und Meister der Menschheit, die Erleuchteten und Vollendeten wie Christus, Buddha, die Bodhisattwas, die Schöpfer der großen Kulturen und Religionen der Menschheit.

Jede Frau hat — wie jeder Mann — die Möglichkeit, das Ewig-Weibliche mit dem Ewig-Männlichen zu einen. In diesem höchsten Sinne muß die Frau, wie das Thomas-Evangelium sagt, ‚zum Manne werden‘: anima und animus, Yin und Yang müssen zu jener höchsten Einheit verschmelzen, die die Gnosis als ‚Syzygie‘ bezeichnet: als endgültige ‚Zusammenfügung‘ oder als ‚himmlische Hochzeit‘, in der der Sinn der höchsten Forderung Jesu Christi erkannt und erfüllt wird: *„Seid vollkommen, wie Gott im Himmel vollkommen ist!"*

Mütter und Kinder

„Von allen Institutionen, die uns aus der Vergangenheit überkommen sind, weist heute keine so starke Zeichen der Zersetzung auf wie die *Familie*", schrieb der englische Philosoph und Soziologe Bertrand *Russell* („Schlüssel zum Glück").

Die Leidtragenden sind dabei vor allem die *Kinder*. Dazu stellte ein Arzt, *U. E. Hasler* (in seiner „Eubiotik") fest, daß die Ursache der Not der Kinder primär in den negativen gedanklichen Haltungen der Eltern liegt. Gedanken, so betont er, „sind noch nicht erkannte Kraftfelder, die zum Guten oder Bösen anregen können. Einsichtige wissen, wie sehr negative Gedanken des Grolls oder der Verärgerung, des Neides oder der Rachsucht, der Hoffnungslosigkeit oder des Geizes nach Verwirklichung drängen" und insgesamt ansteckend und vergiftend wirken.

Diese Gefahr der gegenseitigen geistigen Infektion wirke sich am nachhaltigsten „bei Säuglingen und Kleinkindern aus, die dafür empfänglicher sind als für die Masern. Auf noch unbekannte Weise erreichen negative Gedankenkraftfelder der Eltern die empfindsame Kinderseele. Solch ein infektanfälliges Kind hat etwa eine unruhige und nervöse Mutter, deren Krankheitsfurcht sich auf das Kind überträgt und dort den Boden bereitet, in dem Krankheitskeime gedeihen," und zwar nicht nur der körperlichen, sondern primär der seelischen Leiden wie auch der charakterlichen Abartigkeiten und Fehler.

Nach statistischen Feststellungen weist heute jedes vierte Kind Verhaltensstörungen auf, weil ihnen das Wichtigste vorenthalten wurde: die mütterliche Atmosphäre.

Hier liegen die Quellen der Angst vor dem Alleinsein und vor der Dunkelheit, der Nervosität und Dekonzentration, der Nasch- und Stehlsucht, der Widerspenstigkeit, der Rauch- und Drogensucht, der Aggression und der Kriminalität und aller sonstigen charakterlichen Fehler und seelischen Gehemmtheiten der Kinder, die als Folgen mangelnder Mutterliebe nicht durch noch so sorgsame Behandlung in Heimen usw. überwunden werden können.

Kinder, die früh von der Mutter getrennt oder von ihr verlassen wurden, verkümmern seelisch und entwickeln auch bei bester Pflege Abartigkeiten, zeigen unruhigen Schlaf mit Schreckträumen, verminderte Eßlust, nehmen an Gewicht ab, entwickeln sich langsamer und sind insgesamt anfälliger für Krankheiten und seelische Verwahrlosung.

In einem Roman, der sich mit der weiblichen Psyche und der mütterlichen Atmosphäre befaßt, schrieb die französische Autorin Thyde *Monnier* mit Recht:

„Eine mütterliche Frau — sie ist wie die Luft, die man atmet; man achtet nicht darauf. Aber wenn sie einem fehlt, diese Luft zum Atmen, dann stirbt man. Wenn man sie hat, saugt man sie ein und denkt nicht mehr daran, daß *sie* es ist, die einem das Leben erhält."

Kein Geringerer als Dostojewskij bekannte, daß es „nichts gibt, das höher und stärker, gesunder und unentbehrlicher für das Leben ist als eine gute Erinnerung an die Kindheit, an das Elternhaus."

Jedes Kind, das die liebevolle Atmosphäre der Mütterlichkeit entbehren mußte, steht von Anfang an ungefestigter und hilfloser im Leben und bestätigt das Dichterwort:

„Die ganze Welt mit ihren Schätzen — die *Mutter* kann sie nicht ersetzen."

Allen pädagogischen Spitzfindigkeiten zum Trotz gilt

immer noch Morgensterns Satz: „Die beste Erziehungsmethode für ein Kind ist, ihm eine *gute Mutter* zu verschaffen." Für sie ist das Kind Spiegelbild ihres eigenen Wesens; an ihm erfüllt sie ihr angeborenes Bedürfnis, Leben zu hegen, zu umsorgen und zu fördern. Sie ist der ‚Genius des Kindes‘ oder wie ein russisches Sprichwort es ausdrückt: „Der Himmel ist zu Füßen der Mutter." Kein Wunder, das nichts mit innigerer Dankbarkeit besungen wurde als ihre Liebe:

> „Mutterliebe: Allerheiligstes der Liebe!
> Ach, die Erdensprache ist so arm.
> O, vernähm' ich jener Engel Chöre,
> hört ich ihrer Töne heilig Klingen!
> Worte der Begeisterung wollt' ich singen:
> Heilig, heilig ist der Mutter Liebe!"

„Wo das erste Menschenauge sich liebend über deine Wiege neigte, wo deine Mutter dich zuerst mit Freude auf dem Schoße trug und dein Vater dir die Lehren des Christentums ins Herz grub: da ist deine Liebe, da ist dein Vaterland", schrieb Ernst Moritz Arndt.

In der Tat ist, wie Pestalozzi hinzufügt, „der Geist der Mutter die wichtigste Triebkraft in der Entwicklung des Kindes. Der glühende Wunsch für sein Wohlergehen ist in ihr Herz eingepflanzt, und welche Kraft könnte einflußreicher und anspornender sein als die mütterliche Liebe — die sanfteste und zugleich unerschrockenste Kraft in der ganzen Naturordnung ... Das Kind lächelt dem Schatten der Mutter; wer ihr gleich sieht, den liebt es" — weil ihr Bild unauslöschbar in seinem Herzen lebendig ist.

Ihre liebenden Gedanken umgeben das Kind wie gütige Feen und Schutzgeister, wie es Logau empfand:

„Die Mutter trägt im Leibe das Kind dreiviertel Jahr;

die Mutter trägt auf Armen das Kind, weil's schwach
noch war;
die Mutter trägt im Herzen die Kinder immerdar."

Kinderschutz

Es ist darum dankbar zu begrüßen, daß die Bestrebungen zunehmen, der Unwissenheit, Gleichgültigkeit und Kin-
derfeindlichkeit eines großen Teils der heutigen Gesellschaft
entgegenzuwirken und der Not und dem Elend unzähliger
Kinder abzuhelfen.

Am 20. September jedes Jahres ist *Welt-Kindertag* als
Gegenstück zum Muttertag. Doch auch hier sollte nicht nur
ein Tag im Jahr, sondern jeder Tag Anlaß zu positiven
Aktionen zum Wohl der Kinder, die Hilfe brauchen, geben!

Aufgabe vor allem der *Mütter* in allen Völkern ist es,
hier mitzuhelfen, daß die Kinder, die es noch nicht selbst
fordern können, zu ihrem Recht kommen und vor Gefähr-
dungen ihrer gesunden Entwicklung bewahrt werden —
vor allem die vielen unerwünschten und ungeliebten Kinder und all jene, die unter Mißhandlungen seitens der Eltern leiden, kein eigenes Bett haben oder von bestialischen
Eltern zu Tode mißhandelt wurden und werden.

Aufgabe vornehmlich der Mütter, aber auch der Väter
ist es, den 1953 von Prof. Dr. *Lejeune* unter dem Motto
„Kind, verletzlichstes Glied unserer Gesellschaft" als ge-
meinnützige Arbeitsgemeinschaft gegründeten *„Deutschen
Kinderschutz-Bund"* durch ihren Beitritt und ihre aktive
Mitarbeit zu unterstützen.

Dieser Bund wirkt als ‚Anwalt der Kinder' durch kollek-
tive Aufklärungs- und Hilfsaktionen dem Kinderelend erfolgreich entgegen. Von ihm werden mit Recht eine Reihe

Forderungen gestellt, die jede Mutter nur dankbar begrüßen kann. Er befaßt sich nicht nur mit der Aufdeckung und Abstellung von Kindesmißhandlungen und Sittlichkeitsvergehen an Kindern, sondern kümmert sich auch um die Kinder aus zerrütteten Ehen und die geschiedener Eltern, um Heim- und Pflegekinder, weiter um kinderreiche Familien in unzulänglichen Wohnungen sowie um Maßnahmen zur Vorbeugung und Verhütung der Jugendkriminalität.

Hier können Mütter für eltern- und heimatlose Kinder Patenschaften übernehmen, um ihnen bessere Umweltbedingungen und vor allem das Glück der Geborgenheit zu schenken.

Möchten sich viele mütterliche Frauen durch diesen Hinweis zu positiven Aktionen angeregt fühlen!

Kindererziehung

Die Quelle kindlicher Fehlentwicklungen hatte schon der französische Philosoph Montesquieu (1689—1755) erkannt: „Es ist keineswegs die junge Generation, die entartet. Diese verdirbt nur, wenn die Erwachsenen schon verdorben sind." Das tritt heute noch deutlicher zutage als zu seiner Zeit.

Wieviele Eltern tragen ihre ehelichen Konflikte und charakterlichen Unzulänglichkeiten an ihren Kindern aus, deren Seelenleben dadurch gestört und vergiftet wird — oft schon während der Schwangerschaft!

Und wieviele Eltern erweisen sich als unfähig, ihre Kinder zu geistig und körperlich gesunden Bürgern zu erziehen!

Für das Auto braucht man einen Führerschein. Aber die Kindererziehung und Menschenführung durch die Eltern überläßt man weithin dem Zufall. Denn Voraussetzung erfolgreicher Erziehung daheim und später in der Schule ist die Fähigkeit der *Selbsterziehung*.

Kinder spüren den seelisch-geistigen Zustand der Eltern, besonders der Mutter, ihre Selbstdisziplin oder Unbeherrschtheit, ihre Sympathien und Abneigungen, und entwickeln unbewußt gleichartige Tendenzen. Viele Fehler der Kinder sind sichtbar gewordene Mängel der Eltern, die verschwinden, wenn sie von diesen bei ehrlicher Selbstprüfung erkannt und bewußt abgestellt werden.

Eben weil Mütter und Kinder durch unsichtbare Arterien und Nerven miteinander verbunden sind, ist es nie zu spät, ein Kind auf dem Wege über die eigene Wandlung umzuerziehen. Was Eltern in ihrem eigenen Charakter und Verhalten zum Guten ändern, wandeln sie zugleich im Wesen ihrer Kinder.

Vor allem die Mutter ist das Gewissen des Kindes, das geheime Leitbild, das in seinem Verhalten der Umwelt gegenüber erkennbar wird. Folgt die Mutter ihrem Gewissen, wird das Kind bald zum Spiegel ihrer Einstellung und gleich ihr bereit, sich von seinen guten Anlagen und seiner inneren Führung leiten zu lassen.

Wohl der Mutter, deren Kind ihr zugleich Führer ist zu ihrem eigenen Selbst und Anreger gemeinsamen Vorwärtsschreitens auf dem Wege zur Vollendung!

*

Damit berühren wir einige praktische Folgerungen, und zwar zunächst Dinge, die *bei der Kindererziehung zu vermeiden sind:*

Manche Mutter nimmt, ihr zumeist unbewußt, eine überwiegend negative Haltung ein, die in unguten Blicken, abweisenden Gesten und unwirschen Worten zum Ausdruck kommt. Ich denke da an die Mutter des kleinen Hans, der es im Kinderzimmer zu still ist, weshalb sie fragte: „Was machst du da?" Nach Hansens Antwort „Nichts!" rief sie: „Hör' sofort damit auf!", weil sie sich angewöhnt hatte, Unerfreuliches zu erwarten und darauf negativ zu reagieren. Was Wunder, wenn Hänschen nicht mehr wußte, was recht ist.

Hier ein paar Ratschläge für die Mütter:

Vermeide Gebote und *Verbote!* Lehre dein Kind, daß rechtes Handeln Freude bereitet. Bejahe sein gutes Wollen und sprich es durch freundlich-liebevolle Worte an. Dadurch entfaltest du es.

Bedenke weiter, daß *Strafen* jedes Übel eher verschlimmern als abstellen, weil sie die kindliche Psyche vergiften und Keime zu negativen Strebungen legen.

Bei ständigem Unwillen gegen dein ‚ungehorsames' Kind bewirkst du, daß der kindliche Widerstand zur Gewohnheit wird und dem Kind später im Leben die Anpassung an die Umwelt erschwert.

Kinder, die *geschlagen* werden, behalten oft lebenslänglich einen Komplex der Menschenfurcht. Ihrem scheinbaren Nachgeben folgen später oft unbewußte Tendenzen der Verschlagenheit, Hinterhältigkeit und Aggression.

Besser als *Vorwürfe*, die gar zu leicht das „Gesetz der das Gegenteil bewirkenden Anstrengung" zum Wirken bringen, sind positive Vorbilder, die zum Nachahmen geneigt machen.

Gehe oft in die Stille und frage dich, wo in deinem eigenen Verhalten Quellen des Mißverhaltens und Mißverstehens deines Kindes liegen, und gewöhne dich, von Negativ auf Positiv umzuschalten, von Sorge und Ärger, Argwohn und Kummer auf Bejahung des guten Kerns im Charakter deines Kindes, vom Nörgeln und Schimpfen auf Anerkennen und Loben des Guten. Dann gehen die ‚Blumen des

Bösen' aus Mangel an Nahrung zugrunde und die Blumen der Liebe gedeihen und breiten sich aus.

Versuche nie, dein Kind zu einer Kopie von dir oder deinem Partner zu machen, sondern nimm es als Original und hilf ihm, seine wesenhafte Ursprünglichkeit und Eigenart zu erhalten und positiv zu entfalten.

Predige ihm nicht, wie es sich zu verhalten habe, sondern lebe es ihm vor. Sei so, wie du wünschest, daß dein Kind werde! Mache ihm *Pflichten* nicht als leidigen Zwang, als lästigen Freudenhinderer bewußt, sondern leite es an, das wie ein Spiel gern zu tun, was du getan wünschest.

Und mache ihm oft bewußt, daß es nicht schlimm ist, wenn es einen Fehler beging. Zeige ihm, wie es das nächste Mal besser gemacht werden kann, so daß auch ein Fehler seinen Nutzen hat.

*

Neben dem, was zu vermeiden ist, sei das, *was zu beachten ist,* kurz dargelegt:

Jedes Kind hat ein Recht auf positive Selbstentfaltung. Die Mutter verhilft ihm dazu, wenn sie es früh anleitet, *selbst zu denken* und zu urteilen, nichts gedankenlos an- und hinzunehmen, sondern stets richtig — d. h. folgerichtig und positiv — zu denken und zu reagieren.

Leite dein Kind so früh wie möglich an, die *Macht der Gedanken* zu erkennen und im Dienst des Guten zu betätigen. Mache ihm bewußt, daß jedem im Leben das begegnet, was es in seinen vorherrschenden Gedanken anspricht, und daß, wer Gutes denkt, zu guten Erfahrungen und Entwicklungen den Grund legt.

Fördere das Vertrauen und den Glauben deines Kindes an die Macht des Guten und sorge, daß dieser Glaube nie enttäuscht wird. Sei darum deinem Kinde gegenüber stets ehrlich, um in ihm die gleiche Gesinnung absoluter Ehrlichkeit zu entfalten. Kinder spüren bald, ob jemand die Wahrheit sagt oder nicht, und sie antworten je nachdem mit Vertrauen oder Mißtrauen.

Je mehr Gutes du von deinem Kinde gläubig erwartest, desto mehr gute Eigenschaften kann und wird es entfalten, weil die positiven Tendenzen durch die Bejahung angesprochen und verstärkt werden.

Wenn du in deinem Kinde den göttlichen Funken und darum in ihm ein Engelchen siehst, hilfst du den engelhaften Zügen in ihm zur Entfaltung, während, wenn du in ihm ein Teufelchen siehst, dieses ,Teufelchen' dir zunehmend Sorgen bereiten wird.

Betrachte dein Kind mit den Augen, mit denen Maria auf ihr Kind Jesus blickte! Erwarte von ihm das Höchste, dann legst du den Keim zum Höchsten.

Erziehe dein Kind von früh auf zur Ritterlichkeit, Kameradschaftlichkeit und Hilfsbereitschaft; sorge aber zugleich, daß es nicht verweichlicht und verzärtelt wird, sondern fest auf eigenen Füßen zu stehen und im Bewußtsein seiner Freiheit und Kraft sich selbst zu helfen lernt.

Achte bei Kinderbüchern darauf, daß sie nur positive Vorstellungen erwecken. Auch diese können zu positivem Denken erziehen wie etwa die Erzählung aus dem Zwergenland „Die Befreiung des Riesen" von H. W. Bondegger (Verlag G. E. Schroeder, Kleinjörl) und ähnliche Bücher, die das Kind mit der Macht der Gedanken vertraut machen. Gleiches gilt von Jugendbüchern, die dem Kinde helfen, den Kreis seiner Interessen, seines Wissens und Strebens ständig zu erweitern.

Jede kindliche Neigung verrät das Vorhandensein entsprechender Eignungen und damit späterer Erfolgsquellen, die es weise zu erschließen gilt. Auf die psychodynamischen

Methoden rechter Kindererziehung wird an anderer Stelle eingegangen, ebenso auf die Methode der Einflüsterung während des Schlafs des Kindes.

*

Eine gute Mutter wird ihr Kind auch zur Naturliebe und zur Ehrfurcht vor allem, was lebt, erziehen, zum Hegen und Pflegen der Pflanzen und Tiere als unserer jüngeren Schwestern und Brüder im Reiche des Lebens, zur Hilfe für verfolgte und gequälte Tiere.

Pflanzen und Tiere sind für Gedanken, insbesondere für liebevolle Gedanken empfänglich. In einer mütterlichen Atmosphäre gedeihen Pflanzen doppelt so gut wie in einer gleichgültigen oder von Mißlaune erfüllten Umwelt. Auch die Tiere, insbesondere Katzen und Hunde, Pferde und Elefanten, Delphine und viele andere Tiere spüren wie die Kinderseelen, ob man ihnen Abneigung, Gleichgültigkeit oder Zuneigung entgegenbringt.

Eine gute Mutter wird ihrem Kinde bewußt machen, daß alles gut ist, daß es selbst gleichfalls in seinem innersten Wesen — als Gotteskind — gut ist und von göttlicher Weisheit geleitet wird. Sie wird es anleiten, mit ihr und auch allein in die Stille zu gehen — auch mit seinen kindlichen Fragen und Problemen — und auf die innere Stimme zu lauschen, um der göttlichen Gegenwart und Hilfe ständig gewisser zu werden und das Gute um des Guten willen zu tun.

Sie wird ihr Kind segnen und es mit dem inneren Helfer — seinem göttlichen Selbst — vertraut machen. Und sie wird es lehren, Gott auch im Nächsten zu sehen wie in sich selbst, und sich nach der Goldenen Regel der Gegenseitigkeit stets so zu verhalten, daß Gott in ihm ihm zustimmt und beisteht. Dann wird sich die Wahrheit des alten Sprichworts erweisen:

„Kein Füllhorn, das von allen Schätzen regnet,
ist reicher als die Mutterhand, die segnet."

Vorgeburtliche Erziehung

Schutz und Erziehung des Kindes sollte schon *vor der Geburt* beginnen. Die Unkenntnis der meisten Mütter hinsichtlich der Möglichkeiten vorgeburtlicher Beeinflussung macht es nötig, auf die unabdingbare Verantwortung der Mutter für das Wohl, die Wesensentfaltung und den künftigen Lebensweg des Kindes, das sie unter dem Herzen trägt, und auf die Möglichkeiten seiner Erziehung vom Beginn der Schwangerschaft an hinzuweisen.

Elisabeth *Kyber,* Gattin des Dichters Manfred Kyber, der den esoterischen Kinderroman „Die drei Lichter der kleinen Veronika" (Drei-Eichen-Verlag) schrieb, meint mit Recht, „daß *so wenig geniale Kinder zur Welt kommen,* weil die wenigsten Frauen mit den Methoden vorgeburtlicher Einwirkung vertraut sind. Viele und gerade gebildete Frauen sind so vom Materialismus verblendet und von der Sucht nach einem immer besseren Lebensstandard erfüllt, daß sie an den Möglichkeiten planvoller Wesensentfaltung des werdenden Kindes gedankenlos vorübergehen. Um so unerläßlicher ist es, die Frauenwelt darüber aufzuklären, wie eine Mutter höherentwickelte Wesenheiten anziehen und ihnen die Möglichkeit der Verkörperung geben kann."

Jeder Gärtner sorgt für beste Pflege der keimenden Saat, jeder Tierhalter kümmert sich um die Veredelung der Rasse, aber von den Menschen werden körperliche und seelische

Mängel und Fehler, Gebrechen und Krankheiten gedankenlos weitervererbt.

Eine neue Ehekunde und Ehekunst ist erforderlich, die die über Geburt und Tod hinausreichende Schicksalhaftigkeit jeder Verbindung und die Tatsache deutlich macht, daß schon bei der Zeugung ein *dritter Partner* zugegen ist, wie es der Dichter Hans *Carossa* zutreffend sah:

> „Immer nah'n uns ungebor'ne Seelen,
> wenn wir atmen, Brust an Brust,
> suchen sich ins Leben einzustehlen
> auf der Woge unserer Lust . . ."

Vor allem die Mütter sollten sich von Anbeginn der Ehe an dieser Tatsache bewußt sein und bedenken, wie oft ihr wahlverwandte Wesen nahe sind, die ihr oder ihrem Partner vielleicht schon in früheren Leben in Freud und Leid verbunden waren und nun erneut zu ihnen hindrängen . . .

Sie sollten erkennen, daß sie in ihrem Kinde kein neues Wesen schaffen, sondern einer ihr einst in Leid oder Liebe verbundenen Seele eine neue mütterliche Wohnung und Erdenheimat geben.

Manch unverkörpertes Wesen mag gar schon lange vor der Eheschließung seine künftigen Eltern und deren Zusammenfinden ersehnt und von der geistigen Ebene her gefördert haben . . .

Die Einkörperung des ‚Dritten Partners' beginnt in dem Augenblick, in dem das weibliche Ei befruchtet wurde. Schon von da an bestimmt die Mutter durch ihr Denken, Fühlen und Handeln, ob sie ihrem Kinde eine baufällige Körper-Hütte oder einen heiligen Tempel als künftige Wohn- und Wirkstatt schenkt. —

Vor dem Werden der Körperform ist die *Geistgestalt,* das spirituelle Kraftfeld und Geistgerüst des neuen Leibesorganismus, an dessen Zellenkleid der dritte Partner während der Embryonalzeit ebenso mitbaut wie die Mutter.

Basis aller vorgeburtlichen Erziehung sei darum die Einsicht, daß das werdende Kind von Anbeginn an ein selbständiges, durch die Summe der Erfahrungen und Bemühungen seiner eigenen karmischen Vergangenheit weithin vorgeformtes Individuum ist, also kein bloßes ‚Produkt‘ der Erbmasse der Eltern.

Darum kann die Mutter ihr Kind auch nicht als ihr ‚Eigentum‘ betrachten, sondern nur als lieben Gast, dem sie ein neues Erdenkleid gibt, in dem sein mitgebrachtes reiches Schicksalsgut sich auswirken kann.

Feinfühlige Mütter spüren zuweilen das stille Wirken des ‚dritten Partners‘ und horchen darum oft unbewußt nach innen, um der Harmonie mit ihm inne zu werden und beglückt den inneren Widerhall ihrer eigenen Gedanken und Gefühle zu erleben oder vielleicht gar des gemeinsamen Schicksalsguts bewußt zu werden, das sie von der Vergangenheit her mit ihm verbindet, was sonst nur ein Erleuchteter zu erkennen vermag.

Wohl den Eltern, die sich der *Gemeinschaft zu Dritt* von der Zeugung an lebendig bewußt bleiben und dem Wesen, das sich ihnen anvertraute, die besten Möglichkeiten körperlicher, seelischer und geistiger Höchstentfaltung zu schaffen suchen! Um so sichtbarer wird sich die Wahrheit des Wortes der Dichterphilosophen Christian Morgenstern erweisen:

> „Die in Liebe dir verbunden,
> werden immer um dich bleiben,
> werden klein’ und große Runden
> treu gesellt mit dir beschreiben,
> und sie werden an dir bauen

unverwandt, wie du an ihnen,
und, erwacht zu einem Schauen,
werdet ihr wetteifernd dienen."

*

Damit kommen wir zu dem, *was hier zu beachten ist:*
Da das Werden des Leibesorganismus des Kindes kein
bloß biologisch-mechanischer, sondern ein psychisch gelei-
teter dynamischer Vorgang ist, hat das Gedanken- und Ge-
fühlsleben der Mutter entscheidenden Einfluß auf dessen
Entwicklung.

Die Mutter sollte darum während der ganzen Zeit für
Harmonie innen und außen sorgen und dabei von ihrem
Ehepartner in jeder Weise unterstützt werden.

Die werdende Mutter muß sich von negativen Gedanken
und Empfindungen, von Gefühlen der Furcht, des Miß-
muts, der Selbstsucht wie auch von negativen Fremdein-
flüssen freihalten und bei deren Bewußtwerdung jeweils
sofort auf positive Impulse und Stimmungen umschalten.
Sie sollte dazu oft in die Stille gehen, entspannen und die
Zweisamkeit mit der Seele ihres Kindes beglückt bejahen.

Ebenso sollten in dieser Zeit Uneinigkeiten und Auseinandersetzungen zwischen den Ehegatten vermieden werden.

Weiter wird die Mutter durch eine gesunde Lebens- und
Ernährungsweise bei naturnaher Kost sowie durch das Mei-
den von Tabak, Alkohol und weitgehend auch von Pillen,
Tabletten und anderen Medikamenten dem Kinde eine optimal gesunde Körperform sichern.

Untersuchungen der deutschen Forschungsgemeinschaft
haben ergeben, daß schon das Rauchen des Vaters in der
Wohnung während dieser Zeit zu körperlichen Mißbildun-
gen des Kindes führen kann.

Die werdende Mutter umgebe sich mit blühenden Pflanzen, vielleicht auch mit einem Tier, das sie gern hat und versorgt, und mit positiv gestimmten Menschen, weiter mit schönen Bildern, etwa von großen Menschen, von Heiligen, Weisen und Vollendeten, deren edle Züge sie im Geiste auf ihr Kind überträgt.

Was die Mutter sonst noch über das embryonale Seelenleben wissen und zum Wohle ihres Kindes beachten muß, ist umfassend in dem Handbuch über vorgeburtliche Erziehung*) dargelegt, dessen Anleitungen sich bereits bei vielen vorgeburtlich erzogenen Kindern als Hilfen zur Heranbildung eines gesunden, charakterlich besseren und intelligenteren Menschengeschlechts bewährt haben.

Man kann nur wünschen, daß diese Möglichkeiten frühzeitiger Förderung der Entfaltung der in jeder Seele schlummernden *genialen Potenzen* von immer mehr Müttern erkannt und genützt werden.

---

*) *Vorgeburtliche Erziehung.* Ihre Praxis und Bedeutung für die Ehe, die Kleinkindererziehung und die Genialität des Menschen." (2. erweiterte Auflage, Drei-Eichen-Verlag, München/Engelberg)

Zeitalter der Mütter

In den letzten beiden Jahrtausenden — dem sogenannten ‚Fische-Zeitalter‘ — hat sich die Menschheit im wesentlichen darum bemüht, die Welt von *außen* zu erforschen und nach ihrem Willen zu formen und auszunützen. Die heutigen chaotischen Verhältnisse auf unserem Planeten zeigen, wie fruchtlos dieses Bemühen im Grunde geblieben und wieviel Leid und Not aus ihm hervorgegangen ist.

In den kommenden zwei Jahrtausenden — dem sog. ‚Wassermann-Äon‘ — wird sie mehr und mehr dazu übergehen, Welt und Leben von *innen* her zum Besseren umzugestalten — nicht zuletzt dadurch, daß der *Einzelne* sich selbst zu vervollkommnen trachten wird. Denn mit der Vervollkommnung des Einzelnen und mit der damit einhergehenden Lösung vom Materialismus und der Hinwendung zu einem neuen Real-Idealismus veredelt, durchgeistigt und durchlichtet sich auch das Leben und Zusammenleben der Menschen und Völker in der Außenwelt.

Wiederum ist es hier vor allem die *Aufgabe der Frauen und Mütter,* dem Ruf des Geistes zu folgen, dem Manfred Kyber Ausdruck gab:

„Es ist Nacht, wie es noch niemals war!
Zündet die Lichter an!
Es harren so viele darauf, daß es heller werde!
Lebende und Tote, Mensch, Tier und alles,
was Dasein hat, sehnt sich nach Erlösung!"

Was dieser Erlösung den Weg bereitet, ist *der Geist und die Macht der Mütterlichkeit,* die gewaltlos siegt.

In den Urkulturen der Frühzeit war diese Macht für die Familien, Sippen und Völker richtungsweisend. Damals herrschte, wie der Schweizer Kulturhistoriker Johann Jakob *Bachofen* (1815—87) nachzuweisen versuchte, eine *matriarchalische* (vom Mutterrecht bestimmte) Gesellschaftsform, die er als Gynaikokratie bezeichnete.

In den späteren *patriarchalischen* (vom Vaterrecht bestimmten) Zeiten und bis heute war und ist es der aktive, kämpferische männliche Geist, der nur zu oft zum Mittel der Gewalt und des Krieges griff, um sich — auch gegen den ausgleichenden, versöhnenden, lebenschützenden Geist der Mütterlichkeit — durchzusetzen.

Doch geht es im *neuen Zeitalter der Mütter,* in dessen Morgenröte wir leben, nicht darum, daß das Pendel nun zurückschlägt und ein neues Matriarchat die Vorherrschaft des Mannes stufenweise ablöst, wenn es auch anfangs den Anschein haben wird.

Was sich in der Tiefe anbahnt und zum Wohle aller nach und nach herauskristallisieren wird, ist eine ausgleichend und harmonisierend wirkende *Verbindung beider Tendenzen.*

*

In seinem Werk „Los vom Materialismus" meinte R. N. *Coudenhove-Kalergi* zwar noch:

„Das Zeitalter *des Patriarchats* ist zu Ende. Es hat den Menschen heruntergezüchtet. Die Zukunft gehört dem einstigen *Matriarchat,* in welchem die Mutter uneingeschränkt über die Familie herrschte. Damals wählte sie den Vater ihrer Kinder. Damals war der Mensch im Aufstieg. Der Sündenfall der Menschheit war der Sieg des Patriarchats, der Demokratisierung der Erotik . . .

. . . Die Wendung zum Matriarchat bedeutet die Drehung der Familien-Achse um 90 Grad: statt der Beziehung Mann-

Weib würde das Verhältnis Mutter-Kind wieder zur Achse der Familie werden. Die Mütter würden wieder zum Mittelpunkt der Familie." —

Nun, das ist noch einseitig gesehen. Das Ideal, das in den kommenden zwei Jahrtausenden allmählich Wirklichkeit werden wird, ist eine harmonische Verbindung und Verbündung von Vater- und Mutterrecht, wobei die *Mütterlichkeit* das zentrale Element sein wird, aber nicht minder die *geistige Gemeinsamkeit von Mann und Frau*, die sich primär seelisch-geistig ergänzen und eine höhere Zwei-Einheit bilden.

Dann wird sich die Voraussage Coudenhove-Kalergi's erfüllen:

„Die Zeit wird kommen, in der jede Geburt eine freiwillige Schöpfung sein wird. Dann erst werden die Mütter wieder die Ehrung finden, die sie verdienen."

Dies deshalb, weil der ‚homo sapiens' von heute allmählich in den genialen ‚homo superior' übergehen wird, in dem anima und animus zu schöpferischer Einheit gelangt sind und der geistige Horizont über Geburt und Tod, über Zeitlichkeit und Vergänglichkeit hinaus sich ins Kosmische weitet.

Die bisherige Einseitigkeit der menschlichen Entwicklung wird schrittweise überwunden, weil die ‚Hälften' sich immer bewußter zu einem lebendigen *Ganzen* zusammenzuschließen lernen. Das bedeutet, daß der Mensch die Spannung der Geschlechter mehr und mehr in sich selber austragen und ausgleichen und zu einer höheren Synthese gelangen wird, die ihn gütiger, humaner und lebensüberlegener werden und eine höhere, geisterfüllte Kultur schaffen läßt.

Das bedeutet zugleich den Übergang von der bisher vorwiegenden ‚Magie' — d. h. dem Machtstreben der Menschheit des sterbenden Fische-Zeitalters, zur Mystik — zur friedlichen Zusammenführung und Zusammenschließung der bipolaren Kräfte im Menschen.

Eine unmißverständliche Voraussage dieser künftigen Entwicklung findet sich bereits in den geheimen Herren-Worten des *Thomas-Evangeliums**), und zwar im letzten, 114. Spruch, in dem es heißt, daß Simon Petrus zu den Jüngern sagte: „Maria möge von uns gehen. Denn die Frauen sind des Lebens nicht würdig." (Das war damals die Auffassung vom Rang der Frauen, wobei Simon Petrus selbstverständlich vom *mystischen Leben,* von der Einweihung sprach).

Jesus wies ihn zurecht mit den Worten: „Seht, ich werde sie (Maria) leiten, *um sie zum Manne zu machen,* daß sie, wie ihr, ein lebendiger Geist werde. Denn jede Frau, die sich zum Manne macht, wird in das Königreich eingehen."

Die „Frau, die sich zum Manne macht", ist die, in der animus und anima sich einen. In der Erläuterung, die ich dazu gab — wie zu den anderen 113 Worten Jesu im Thomas-Evangelium —, wies ich auf die tieferen Zusammenhänge wie folgt hin:

„Je primitiver und tierhafter der Mensch ist, desto stärker betont er den in seiner Verkörperung hervortretenden Pol seines Wesens — den männlichen oder den weiblichen.

Je höher er sich entwickelt, je näher er der Stufe des Geistmenschen oder des genialen Menschen kommt, desto deutlicher enthüllt sich der innere Gegenpol seines Wesens als Mutterboden seiner Gewordenheit und als Quell seines Schöpfertums.

Je vollkommener er endlich zu sich selbst erwacht, seines allerinnersten göttlichen Seins inne wird, sich zur Ebene des

---

*) *„Das Thomas-Evangelium.* Geheime Wegweisungen Christi zur Selbstvollendung." Mit Erläuterungen. (Drei-Eichen-Verlag)

Gottmenschentums erhebt, desto mehr werden beide Pole seines Wesens *eins* und offenbaren mehr und mehr den *Ewigen in ihm,* der weder männlich noch weiblich, sondern göttlich ist.

Aus dieser dreifachen Sicht will das Herrenwort gesehen und verstanden werden:

Simon Petrus spricht aus jener *patriarchalischen* Einstellung des noch Unerwachten heraus, die für das ganze Fische-Zeitalter wie für die vorangegangenen Epochen kennzeichnend ist und den Mann über die Frau stellt, sie als zur Selbsteinweihung unfähig und der höheren Weihen unwürdig erachtet.

Diese Einstellung der Frau gegenüber ist heute noch weit verbreitet und wird im Wassermann-Zeitalter zunächst einer gegenpoligen *matriarchalischen* Haltung weichen — bis am Ende des kosmischen Äons die beiden Auffassungen *über*geordnete Erkenntnis sich durchringt, der Jesus Ausdruck gibt: die Einsicht, daß Mann und Frau gleichwertig sind, weil in jedem Manne eine weibliche Komponente, in jeder Frau eine männliche Komponente von innen her mitbestimmt, — und die noch tiefere Einsicht, daß der *innere Mensch weder männlich noch weiblich, sondern ein beide Pole vereinendes Höheres ist: ein göttliches Selbst.*

Damit wird deutlich, was Christus mit seiner die Gegensätze ausgleichenden Antwort sagen will:

‚Ich werde Maria zur *Selbst-Besinnung* leiten, damit sie mit ihrem inneren männlichen Gegenpol *eins* und damit euch gleich sei! Und ich werde sie darüber hinaus zur *Selbstverwirklichung* führen, so daß sie *ein* Geist und Wesen wird mit meinem wie mit eurem Selbst!

In dem Augenblick, in dem sie mit dem göttlichen Licht im Innern eins ward, ist sie *lebendiger Geist,* wie ihr und ich.‘

Jesus belehrt damit Simon Petrus zugleich darüber, daß — was damals noch ein unvorstellbarer Gedanke war — eine Frau genau so der Selbsteinweihung fähig wie der höchsten Weihen würdig ist wie der Mann, und weiter, daß im Letzten *beide* gleichermaßen zur ‚Mystischen Hochzeit‘ schreiten, zur inneren Einswerdung gelangen müssen, wenn sie über die Selbsterkenntnis und Selbstverwirklichung hinaus zur Gottunmittelbarkeit gelangen wollen.

Diese mystische oder ‚himmlische Hochzeit‘ ist mehr als die Vereinigung des ‚animus‘ mit der ‚anima‘, des wachbewußten Ich-Bildes mit dem gegenpoligen Seelenbild.

Sie ist auch mehr noch als das, was sie in den Mysterienlehren symbolisiert: die höhere Einswerdung von Mann und Weib nicht nur äußerlich, sondern innerlich, die Wiedervereinigung von seit Ewigkeiten getrennten und sich suchenden Seelenhälften oder ‚Zwillingsseelen‘.

Sie ist die der Erleuchtung folgende eigentliche *Syzygie:* die Einswerdung des Menschlichen mit dem Göttlichen, des Ebenbildes mit dem Urbild.

Zwei von vielen Aspekten dieser Wandlung seien abschließend angedeutet:

Die Erdenwelt ist das Gegenbild, die Entsprechung der Seelenwelt, wie der äußere Mensch das Gegenbild des inneren ist. Was in der äußeren Welt schwach ist, ist in der inneren stark, und umgekehrt. Und was in der äußeren Welt der Starke dem Schwachen antut, wird er in der Folge dort, wo er selbst schwach ist, von anderen erleiden ...

Dieser Quell ständiger Leidverstrickung versiegt erst, wenn Mann und Weib im Anderen ihr eigen Selbst erkennen und zum inneren Einklang und Einssein finden. Dann erst wird einer des anderen Vollender.

Das ist der esoterische Sinn der Forderung: Liebe deinen Nächsten wie dich selbst — dein anderes Selbst —; dann wird die Wahrheit, daß „alles innen ewig eins ist", zu beseligender Gewißheit. Das seit dem Fall in die Zweiheit Getrennte schreitet, statt zurück in die Einheit paradiesischen Urseins, hinauf in die lebendige Gemeinsamkeit göttlichen All-Seins.

Wie die Frau, die „sich zum Manne macht" und den äußeren weiblichen Pol ihres Wesens mit dem inneren männlichen vereint, „in das Königreich eingeht", so auch der Mann, der zu solcher Einheit findet. *Beider* Einswerdung in der ‚mystischen Hochzeit' führt zum abermals Höheren: zur Geburt des Gotteskindes, des Zweitlosen, des vollkommenen göttlichen Geistes, der Träger und Erbe des Reiches Gottes ist. —

In einem anderen urchristlichen Traktat, dem Ägypter-Evangelium, findet sich folgende Abwandlung des obigen Herren-Worts:

„Salome fragte: Wie lange noch werden die Menschen sterben?

Der Herr antworte: Solange die Weiber gebären.

Salome fragte: Wann wird das aufhören?

Der Herr antwortete: *Wenn die Zwei eins werden* und das Männliche mit dem Weiblichen verbunden und weder männlich noch weiblich sein wird."

Hiermit stimmt ein anderes, von Justinus, dem Märtyrer, überliefertes Christuswort überein:

„Die Kinder dieses Äons heiraten und werden geheiratet. Die Kinder des künftigen Äons heiraten weder noch werden sie geheiratet; sondern sie werden sein wie die Engel."

Christus stellt damit die geistige Ehe der leiblichen gegenüber! Die letztere führt nur zum Beisammensein und Zusammenklang, die erstere hingegen zur Einswerdung. Dazu aber gelangt nur, wer zuvor in sich selber das Männliche und Weibliche seines Wesens geeint hat. Nur er ist zur mystischen Hochzeit fähig . . .

Von dieser Gemeinschaft und *Einsheit* sind Mensch und Ehe heute noch weit entfernt. Und doch ist der Weg für jeden offen, zu ihr zu gelangen. Denn ihr Bürge und Verwirklicher ist ja *in ihm:* Christus, der „nicht vom Weibe geboren" ist und nach einem anderen esoterischen Wort verheißen hat: „Ich bin gekommen, das Werk des Weibes aufzuheben", das heißt, uns von der Stufe des Tiermenschen zu der des Geistmenschen und weiter zu der des Gottmenschen zu erheben — aus dem vergänglichen Nur-Dasein in das geburt- und todfreie *Leben aus dem Geiste."*

Soweit die Erläuterung des 114. Spruchs des Thomas-Evangeliums.

*

Wie der Stern der Weisen über Bethlehem, so wird im neuen Äon die allversöhnende *Sonne der Mütterlichkeit* über der Menschheit leuchten und das Zusammenleben aller auf eine höhere Ebene innerer Gemeinsamkeit erheben.

Die *Ehe* wird desungeachtet auch in Zukunft ihren Charakter der lebenslangen innigen Verbindung und Geistgemeinschaft und als Grundlage der Familie behalten und bewahren. Doch tritt an die Stelle des bi-polaren ‚Ich und du' der Geist des *WIR,* der Ganzheit, der Wesens-Einheit.

Das bedeutet eine fortschreitende Verinnerlichung, Vermenschlichung und Durchgottung des seiner Androgynität lebendig bewußten Menschen.

All dies vorbereiten und anbahnen zu helfen, ist in unserer Zeit des Übergangs zuerst und vor allem die Aufgabe der zu sich und zu ihrer Machtfülle erwachten *Mütter.*

Wohl allen Müttern, die sich dazu aufgerufen und inspiriert fühlen!

Macht euch, Mütter, frei von überholten negativen Suggestionen eurer ‚Schwäche' und ‚Unterlegenheit'!

Erkennt euch als Geistwesen, die von innen her *frei* sind und befähigt, immer höhere Stufen der Vollkommenheit zu erklimmen!

Erhöht euer Selbstgefühl, strebt nach Selbstwerdung und Selbstverwirklichung und damit nach Vollentfaltung der in euch angelegten reichen seelisch-geistigen Vermögen!

Widmet euer Denken und Wirken bewußt der Erhaltung und Pflege des Lebens und seiner Bewahrung vor Gefahren, weiter der Sicherung des Friedens in Familie und Gemeinde, im Staat und unter den Völkern — durch Förderung aller humanitären Bestrebungen und aller zukunftweisenden dogmenfreien geistigen und religiösen Bewegungen!

Betätigt und erweist euch als Wahrerinnen und Spenderinnen der Fülle des Guten!

Sagt *JA* zu eurem Schöpfertum und gewöhnt euch, eure Herzgedanken und das machtvolle Kraftfeld eures mütterlichen Wesens immer entschiedener, positiver und dynamischer im Dienste geisterfüllten Lebens einzusetzen!

Bedenkt, daß ihr mit eurem Streben nach *mehr Menschlichkeit* dem Gott in euch wie in jedem Wesen dient!

Tragt bewußt dazu bei, daß das *Reich der Mütter* zum lebendigen Spiegelbild des ersehnten und verkündeten *Reiches Gottes auf Erden* werde!

Eure Berufung ist es, so zu denken, zu leben und zu wirken, als ob die lichtere Zukunft schon *jetzt* Wirklichkeit sei!

Vergeßt nicht, ihr Mütter, daß ihr mit jedem neuen Leben, das ihr ins Dasein leitet, diese lichtere Zukunft herbeiführen helft — soweit ihr den ihm innewohnenden Drang nach optimaler Selbstentfaltung durch eure gläubige Bejahung und liebevolle Fürsorge zu fördern trachtet, wie es die Mütter von Jesus, Buddha, Krishna, Lao Tse, Zarathustra und allen Erleuchteten und Vollendeten der Menschheit taten!

Dadurch helft ihr mit, daß die Zahl der genialen Menschen von nun an ständig wächst und damit der Höhenpfad gebahnt wird, der vom heutigen homo sapiens zu dem vom Geist universaler Einheit erfüllten homo superior aufwärtsleitet und — darüber hinaus — zum gottbewußten homo universalis — jenem kosmischen Menschen, der in uns allen keimhaft angelegt ist und seit Äonen auf sein Erwachen wartet.

K. O. Schmidt: **Der kosmische Weg der Menschheit**
im Wassermannzeitalter
120 Seiten, Leinenkarton

Aus der Sicht des Wassermannzeitalters wird hier der Weg des Menschen in die Zukunft und seine Entwicklung vom Homo sapiens zum Übermenschen, weiter zum Geist-, All- und Gottmenschen in nicht allzufern liegender Zeit aufgezeigt.

K. O. Schmidt: **In Harmonie mit dem Schicksal**
188 Seiten, Zellglas

Der Autor zeigt uns hier einen Weg, bei dem wir erleben, wie wir durch Schicksals-Bejahung in höchster Form — der dynamischen Selbstbejahung — erfahren können, daß uns das Schicksal entgegenkommt und unserem Glück zu dienen vermag.

K. O. Schmidt: **Lebe bewußt**
96 Seiten, Zellglas

Was Tschuang Tse in diesem Lebensbuch demonstriert, ist, daß bewußter leben doppelt leben heißt: reicher, zielgewisser und sinnbewußter als die vielen, denen das Leben wie ein Traum erscheint.

K. O. Schmidt: **Wege zum Glück**
Magie im Alltag
96 Seiten, Zellglas

Die Praxis der natürlichen Magie ist nur wenigen bekannt. Dabei könnte jeder aus der Lehre von C. v. Eckartshausen unmittelbaren Nutzen ziehen: positive Anwendung der Gedankenkraft und Glaubenskraft zu positiver Lebenskunst.

K. O. Schmidt: **Dreistufenweg zum Gral**
72 Seiten, Marmorkarton

Schmidt bringt viele gute Erklärungen zum Verständnis des Grals und führt den Leser schließlich zu der Erkenntnis, daß er selbst Parsival ist, der zuletzt Gralskönig werden muß.

K. O. Schmidt: **TAO TEH KING**
von Laotse
224 Seiten, Ganzleinen

Der TAO TEH KING, der neben der Bibel, der Bhagavad Gita, den Veden und den Upanishaden zu den heiligen Schriften der Menschheit zählt, birgt auf knappstem Raum eine überwältigende Fülle von Erkenntnissen und Weisheiten.

K. O. Schmidt: **Seneca — der Lebensmeister**
120 Seiten, Leinenkarton

Was Seneca der Menschheit an zeitloser Weissagung zu sinnerfülltem Leben geschenkt hat, ist im vorliegenden Buch zu einem 69 Kurzanleitungen umfassenden Intensiv-Kurs komprimiert, der inneren und äußeren Gewinn bringt.

K. O. Schmidt: **Wie konzentriere ich mich?**
Konzentration leicht gemacht
124 Seiten, Zellglas

Eine praktische Anleitung zur Ausbildung der Denkkraft und Ausübung des Kraftdenkens. Das Werk brachte begeisterte Zustimmung aus aller Welt.

K. O. Schmidt: **Bhagavad Gita**
Das hohe Lied der Tat
148 Seiten, Zellglas

Nebst der Bibel gibt es kein Buch, das in der ganzen Welt so angesehen und verbreitet ist wie die Bhagavad Gita. Millionen Menschen hat sie Trost, Kraft, inneren Halt und das Gewiß-Sein der hilfreichen Gegenwart des EINEN gegeben. Öffnen wir uns und lassen wir diese jahrtausendealten und doch zeitlos gültigen Regeln auf uns wirken.

Gesamtprospekt mit ca. 120 Werken erhalten Sie vom

Drei Eichen Verlag · Postfach 60 03 51 · D-8000 München 60